阅读成就思想……

Read to Achieve

新父母课堂系列

# 孩子的成才之路

## 写给父母的教育心理学

张玉川 著

中国人民大学出版社
·北京·

图书在版编目（CIP）数据

孩子的成才之路：写给父母的教育心理学 / 张玉川著. -- 北京：中国人民大学出版社，2023.6
ISBN 978-7-300-31726-7

Ⅰ. ①孩… Ⅱ. ①张… Ⅲ. ①家庭教育－教育心理学 Ⅳ. ①G780

中国国家版本馆CIP数据核字(2023)第090207号

### 孩子的成才之路：写给父母的教育心理学
张玉川 著
HAIZI DE CHENGCAI ZHI LU：XIEGEI FUMU DE JIAOYU XINLIXUE

| 出版发行 | 中国人民大学出版社 | | |
| --- | --- | --- | --- |
| 社　址 | 北京中关村大街31号 | 邮政编码 | 100080 |
| 电　话 | 010-62511242（总编室） | | 010-62511770（质管部） |
| | 010-82501766（邮购部） | | 010-62514148（门市部） |
| | 010-62515195（发行公司） | | 010-62515275（盗版举报） |
| 网　址 | http://www.crup.com.cn | | |
| 经　销 | 新华书店 | | |
| 印　刷 | 天津中印联印务有限公司 | | |
| 开　本 | 890 mm×1240 mm　1/32 | 版　次 | 2023年6月第1版 |
| 印　张 | 7.125　插页1 | 印　次 | 2023年6月第1次印刷 |
| 字　数 | 135 000 | 定　价 | 59.00元 |

版权所有　　侵权必究　　印装差错　　负责调换

## 推荐序

### 做智慧型的父母

有一个古老的比喻:"照顾孩子就像照顾花园,做父母就像做一个园丁。"优秀的园丁致力于创造肥沃的土壤,也熟知各种植物不同成长阶段的养护要点,合理地浇水施肥。而智慧型父母给孩子的最重要的一个礼物,是给他一个温暖的家庭和充满爱的环境,让充满无限可能的孩子都可以蓬勃发展。智慧型父母一定要读懂自己的孩子,读懂孩子不同年龄阶段的不同需要,读懂孩子身心成长的规律和特点。智慧型父母要重视孩子的特长,并以此为契机鼓励他们在擅长的领域有所作为。如果父母能引导孩子在强项的基础上发展,鼓励他们相信自己在其他事情上也能获得成功,那教育者的任务就简单多了。这也是我读了《孩子的成才之路》之后最大的体悟——读懂孩子，用心陪伴，不断学习，和孩子共同成长。家庭教育不仅是父母有责任养育孩子，更是父母和孩子在互动的沟通中共同成长的教育。

我们总在强调父母在孩子教育成长中的影响和作用，本书作者作为孩子成长的观察者、陪伴者、引导者，跟女儿共同成长。父亲以科学的育儿理论为指导，不断学习教育学、心理学知识，发现孩子的绘画兴趣，一路陪伴孩子求学，孩子最终进入中国人民大学艺术学院绘画系学习深造。而父亲也在女儿大学即将毕业之际，凭借多年的家庭教育理论和实践，写就了这本书，书中的每一章节中都有女儿精心绘制的插图。父女共同成长，父亲在教育中的积极参与，这也是这本书要传达给大家的一个重要启示。现在，社会较为普遍的一个现象是，不少父亲角色在家庭教育中缺失，他们总有很多理由忽视甚至放弃自己的教育责任，从而影响孩子的身心健康，比如缺乏自信、意志薄弱、自卑等。所以，希望父亲们能适时地放下手中的工作，加入子女教育中来。

本书重点讲了多元智能理论在家庭教育中的应用，以详尽且质朴的语言，告诉读者什么是多元智能，作为父母，我们该如何去读懂多元智能，发现自己孩子的智能强项，让他们都能在自己强项的基础上发展起来。

当今社会，经济快速发展，城市化建设不断推进，电子产品、短视频等信息渠道充斥在孩子们的生活中，喧嚣、浮躁，无论成人还是儿童，心理或多或少都承受着压力和不良情绪。所以在孩子的成长过程中，虽然需要关注的问题很多，但重要的是关注孩子的心理，满足孩子内心对自主、胜任和联结的基本心理需要，孩子才能产生内在动机，从而对学习和生活保持兴趣，过上真正自主和幸福的生活。这也是本书切入的一个很好的角度，结合心理学相关知识来探究孩子成才的秘密。

本书作者作为一名家庭教育路上的探索者、践行者，以自己的育儿经历和丰富的教育学心理学知识，将育儿路上会遇到的问题及其解决方法分享给大家。希望更多的父亲参与到家庭教育中来，也希望更多的家长以科学的育儿观、高质量的陪伴真正实现家庭教育的价值。

中国科学院心理研究所研究员，原博士生导师

## 前言

### 告别焦虑，静待花开

我们生活在一个日益多变的世界：经济在变，文化在变，生态在变，连我们赖以生存的环境也在变，你感受到了吗？

我们生活在一个迭代加速的时代：几百年前是农耕时代，近一百年是工业时代，近五十年是信息时代，进入21世纪，我们正在经历从信息时代向智能时代的跨越。你感受到了吗？

时代变了，我们该怎么做？唯有读懂时代，顺势而为。

时代在变，我们的孩子也在变。从20世纪80年代开始，随着经济、文化及社会环境的重大改变，孩子们的成长环境发生了巨大的改变。我们现在面对的教育对象是"00后""10后"和"20后"，他们都是伴随着互联网的发展成长起来的新一代。当今的孩子学业压力很大，当今的孩子对话语权要求很高，当今的孩子知识面很宽。你感受到了吗？

孩子从出生到18岁，不同年龄段成长的规律和相处技巧是什么？孩子成长中的三个叛逆期有哪些表现？父母能否读懂孩子叛逆行为背后的心理需要？孩子在变，我们的教育观念该怎么转变？唯有读懂孩子，顺势而为。

孩子在变，我们对智能的定义也在变。我们不再这样思考"这个孩子聪明吗"，而是探究"这个孩子哪方面聪明"；我们也不再这样问"这群孩子里，哪个孩子最聪明"，而是深入观察每个孩子在哪些方面更加优秀。每个孩子都是独一无二的，都有自己独特的优势，这就是他的天赋。比如，有的孩子动手能力极强；有的孩子非常善于交际；有的孩子极具绘画天赋；有的孩子天生就有一副美妙的嗓子。多元智能理论让我们知道，天才不是只有一种！你的孩子就是天才！那么，我们如何才能正确引导教育孩子呢？唯有读懂多元智能，顺势而为。

我们生活在多元文化社会，我们生活在智能时代，我们生活在多变的年代。世界变化如此之快，该给孩子怎样的教育，才能让他们在未来的竞争中不落后？俞敏洪谈到教育时说过："一个人在18岁之前的成长过程中，家庭教育的影响占比超过60%，学校教育占

30%，还有 10% 的影响来自社会教育。而现实中，很多家长完全不知道该怎么教育孩子。"父母要读懂孩子，才能有效教育孩子。

在新时代，父母和孩子共同成长，与孩子一起规划他的未来。每位家长都可以成为孩子的"成长顾问"，让孩子成为他自己，让父母告别焦虑，静待花开。

让孩子成才的奥秘是：

- 发现孩子的天赋，让每一名孩子在其强项的基础上发展；
- 在成长过程中，满足孩子内心对胜任、联结和自主的心理需要，从而激发孩子的内在动机，唤醒孩子心中的潜能；
- 父母学会放手，让孩子走向强大，成为他自己。

# 目 录

## 认知篇 发现孩子的天赋

### 第 1 章 读懂人类的多元智能

空间智能 　6
 概念阐释 　6
 成长故事 　6
音乐智能 　9
 概念阐释 　9
 成长故事 　10
身体运动智能 　13
 概念阐释 　13
 成长故事 　13
语言智能 　16
 概念阐释 　16
 成长故事 　16

数学逻辑智能 19
    概念阐释 19
    成长故事 20
人际交往智能 23
    概念阐释 23
    成长故事 23
自我认识智能 27
    概念阐释 27
    成长故事 27
自然观察智能 29
    概念阐释 29
    成长故事 30

## 第2章 发现孩子的智能强项

观察 35
    瞄准四至七岁的黄金关键期 35
    观察孩子的行为 37
倾听 39
    听学校老师怎么说 39
    听孩子怎么说 40
    听亲友和邻里怎么说 40
询问 41

尝试 43
遗传基因 44
量表评估 45

## 第3章 让孩子在自己强项的基础上发展

天赋教育：因材施教，让孩子获得胜任感 52
 特长培养：让孩子在自己的强项上强起来 52
 一万小时定律：十年磨一剑 56
扬长促短：有自信，知不足 57
 发现特长以增强孩子的自信心 57
 运用强项智能带动弱项 58
全面发展：完善自己，接纳自身不完美 59
 空间智能：我会画，空间感强 59
 音乐智能：我会弹琴唱歌 61
 身体运动智能：我手巧灵通 63
 语言智能：我能说会写 66
 数学逻辑智能：我会算，有逻辑 76
 人际交往智能：我善交往，理解他人 79
 自我认识智能：我了解自己 82
 自然观察智能：我喜欢大自然 86

## 情感篇 唤醒孩子的潜能

### 第 4 章 爱是最强大的力量

父母相亲相爱是对孩子最好的爱 　　　　　　　　　94

父母爱孩子，有爱有规则，好的亲子关系胜过教育本身　95

　　欣赏孩子的长处，接纳孩子的不足 　　　　　　　96

　　接纳孩子成长中的错误，给孩子重来的底气 　　　96

　　母爱似海，父爱如山 　　　　　　　　　　　　　98

父母的自我成长是对孩子最大的爱 　　　　　　　　　98

### 第 5 章 快乐是孩子成长的动力

孩子在自己强项的基础上发展，学习才是快乐的 　　　102

多元智能的培养和开发，让孩子带着乐趣去学习 　　　105

　　多元智能的全面培养，让聪明和快乐同在 　　　　105

　　给孩子更多的锻炼和展示的舞台 　　　　　　　　108

　　不拿孩子和别人做无谓的比较 　　　　　　　　　109

成长是快乐的，让孩子产生幸福的体验 　　　　　　　110

　　让孩子学会分享，找到快乐 　　　　　　　　　　111

　　让孩子分担家务，有责任感 　　　　　　　　　　112

### 第 6 章 人人都渴望被赞美

夸奖激励孩子，让孩子收获更多的赞美 　　　　　　　116

鼓励和赞美让孩子做事情更有动力和信心 116

父母如何鼓励和表扬孩子 119

引导孩子学会自我激励，激发他的内在动机 122

 胜任感：孩子觉得他能做到，有自我价值感 124

 联结感：孩子感受到无条件的爱 127

 自主感：孩子感到可以自己做决定 131

正确行为积极强化，错误行为淡化处理 133

 正确行为积极强化 134

 错误行为淡化处理 136

## 第7章 尊重孩子是教育的底线

尊重孩子所要遵循的人际关系三原则 143

 交互原则 143

 功利原则 144

 自我价值保护原则 144

尊重孩子就要平等以待 145

 要给孩子选择的权力 146

 父母要好好说话 147

尊重孩子就要无条件地接纳 149

 无条件地接纳孩子的个性特点 149

 无条件地接纳孩子的个体差异 150

孩子的成才之路
写给父母的教育心理学

　　尊重孩子就要保护孩子的自尊心　　　　　　　　150
　　　提升孩子的自我价值感　　　　　　　　　　　151
　　　父母要考虑而非替代孩子的感受　　　　　　　153
　　　让孩子有自我决定权　　　　　　　　　　　　156

意志篇　让孩子成为他自己

## 第8章　读懂孩子身心成长的特点和规律

　读懂孩子身心成长的阶段性和连续性　　　　　　　165
　　婴儿前期（0～1岁）：信任 vs 怀疑阶段　　　　166
　　婴儿后期（1～3岁）：自主 vs 羞怯阶段　　　　168
　　幼儿期（3～6岁）：主动 vs 内疚阶段　　　　　172
　　童年期（6～12岁）：勤奋 vs 自卑阶段　　　　　175
　　青春期（12～18岁）：自我认同 vs 角色混乱阶段　178
　读懂孩子成长发展中的关键期　　　　　　　　　　180
　　开启孩子的空间智能之窗　　　　　　　　　　　181
　　开启孩子的音乐智能之窗　　　　　　　　　　　183
　　开启孩子的身体运动智能之窗　　　　　　　　　185
　　开启孩子的语言智能之窗　　　　　　　　　　　187
　　开启孩子的数学逻辑智能之窗　　　　　　　　　190
　　开启孩子的人际交往智能之窗　　　　　　　　　191
　　开启孩子的自我认识智能之窗　　　　　　　　　193

开启孩子的自然观察智能之窗 194

## 第9章 牵手和放手，读懂孩子的心理需要

牵手，建立和谐的亲子关系 198
 陪孩子一起成长 198
 建立良好亲子关系的四大原则 200
放手，让孩子自我实现 201
 放手，让孩子在自己强项的基础上发展 201
 放手，让孩子学会独立自主 204
 人的自我实现需要：让孩子成为他自己 206

**后 记** **209**

认知篇

# 发现孩子的天赋

## 读懂天赋，因材施教

21世纪的今天，我们经常说这样一句话："教育的真谛就是让孩子做最好的自己，父母的终极使命就是发现孩子的天赋。"

伟大的科学家爱因斯坦也曾经说过："每个人都是天才，但如果你以爬树能力来评判一条鱼，它将一辈子相信自己是笨蛋。"然而现实生活中，很多父母想让孩子自信，却总喜欢拿自家孩子的短处与别人孩子的长处做对比；想让孩子成功，却连成功的目的地在哪个方向都不清晰。最终只能是累了父母，苦了孩子。

作为家长，你真的了解自己的孩子吗？

- 他的天赋是什么？
- 他真正的兴趣是什么？
- 他的内在需求是什么？

可以说，不少的家长被高竞争感和内卷的环境深深影响，内心前所未有地焦虑，盲目跟从，把孩子推向一轮又一轮的大战，使其身心俱疲、茫然失措。

家长们越来越重视学习，但越来越多的孩子却丧失了学习的动力、兴趣和自信。孩子出现厌学及各种心理问题，而且有越来越低龄化的趋势。

那么，如何让父母不再焦虑，让孩子快乐地学习和成长？

2013年，诺贝尔奖得主、物理学家杨振宁在北京大学举办的"科学与文学的对话"活动中说过："每一个人天生是有些不一样的地方，那么我个人觉得一个非常重要的事情就是父母和老师如果发现一个孩子在某一个方向有些特别的才干的话，可以帮助他培养这方面的兴趣，将来可能他就发展出来一个有用的职业。如果越早发现孩子的天赋并培养，他越可能有大成就。"

早在两千年前，教育家孔子就提出了"因材施教"的理念。时至今日，爱子心切的父母更应该知道，每个孩子都有他自己独特的天赋，如果遇不到伯乐也会使他的才能埋没。一个国家想要培养越多的人才，它对人才的评价就要越宽容，就更要引导人们树立多元的人才观。正如世界上没有两片相同的树叶，每个孩子都是不一样的，他们的兴趣、天赋与才能也不可能相同。我们不可能让所有的孩子在一个方面达到同样的高度，但我们可以去发现孩子们不同的才能，从而因材施教，让他们在自己喜欢、擅长的方向上学习和发展，使孩子快乐地成人成才。

所有孩子，都至少在某一领域有着相对于自己或相对于他人的智能强项。只要给孩子提供有利的环境，他们就有可能表现出先前未曾被发现的智能强项和天赋。父母在日常生活中，通过观察孩子各方面的表现，可以尽早地识别出儿童的智能强项。当孩子在自己的兴趣和强项领域活动时，好像变了一个人。由于增加了孩子的胜任感，他们显得非常快乐、投入、具有创造性，自信和自尊也明显增强。哈佛大学的研究表明：如果孩子能够在自己胜任的领域内活动，他们在学校环境中至少不会感到完全无能为力；从更积极的角度来说，孩子的强项领域可以帮助他们发展学业技能，有助于增强自我表现的信心。

孩子的天赋和个性特点需要家长和孩子一起去发现，并给予支持和引导，从而建立良好的亲子关系，满足孩子内心对情感联结的心理需要，孩子才会产生内在动机，保持对学习和生活的兴趣，过上真正自主和幸福的生活。

目前，国家双减政策的颁布，是希望给予孩子更多的自由，更多的发展兴趣的时间。因此，家长可以培养孩子的多元智能，充分发展孩子的潜能和兴趣，特别是发现被自己所忽略的智能优势，重塑自尊和自信，给孩子一个快乐的童年。

孩子的家庭教育，拼的是父母的功底。而父母的认知水平，决定了孩子的人生起点。父母读懂孩子，从懂得孩子的多元智能开始。

# 第 1 章
# 读懂人类的多元智能

20 世纪 80 年代，美国著名发展心理学家、哈佛大学教授霍华德·加德纳（Howard Gardner）博士提出多元智能理论，40 年来该理论已经广泛应用于欧美以及亚洲许多国家的幼儿教育上，并且获得了极大的成功。霍华德·加德纳博士指出，人类的智能是多元化而非单一的，主要由空间智能、音乐智能、身体运动智能、语言智能、数学逻辑智能、人际交往智能、自我认识智能、自然观察智能八项组成。所有人都同时具有这八种智能，只是每个人在一个或几个方面更具优势。

# 空间智能

## 概念阐释

空间智能是认识、操作广阔空间和有限领域及其物体的能力。表现为对线条、形状、结构、色彩和空间关系的敏感以及通过平面图形和立体造型将它们表现出来的能力。在画家、雕塑家、建筑师、棋手、飞机驾驶员、水手等人的身上都有比较突出的表现。

## 成长故事

### 故事一 我的女儿爱画画

2019年高考,我的女儿月月经过高三复读一年,以河北省综合成绩第三名考入了中国人民大学艺术学院绘画系。我家出了高才生,使我更加坚信每个孩子都是天才。正如18世纪法国哲学家、教育家克洛德·阿德里安·爱尔维修(Claude Adrien Helvétius)曾经说过:"即使是普通的孩子,只要教育得法,也会成为不平凡的人"。

月月在上幼儿园大班时,有一次跟妈妈准备洗澡,妈妈出去找毛巾,她就顺手拿起一支笔,三下两下便在肚子上画满了画。之后的日子里我们发现，月月每次在画画时都特别专注，有时一画就是一两个小时，还经常被自己的画逗得大笑。我发现了女儿的绘画兴趣，征得了她的同意，在2006年春节过后（月月六岁），我就带她到儿童美术学校去学习绘画。刚入学上第一次美术课，月月都不敢下笔画画，美术老师就对女儿说："你怕它把你吃了吗？"月月被老师的话逗乐了，才开心地画画。美术老师循循善诱，还经常和孩子们谈起文化知识对绘画艺术的帮助，使月月很早就知道了学好文化课的重要性。不只要画画好，艺术离不开文化，把文化课也要学好，才能考上好大学。

月月每次从美术学校回来，总是把画高高举起让我看，我是她的忠实粉丝，每次我都点头称赞，都能看到她的进步。我把女儿的画挂在餐厅，有空就去欣赏，月月也养成了看画的习惯，甚至在泡脚时都注视着自己的画。就这样，月月带着浓厚的兴趣，在我们的关注和激励中，走上了她的学画之路。

2006年11月秋天，月月上小学一年级，我们一家三口去了北京的香山公园旅游。在假山游乐区，月月窜上窜下，如履平地。她的妈妈是体育老师都不敢上去陪她玩，我也是提心吊胆，手忙脚乱地追着她。后来，我觉得我已失去了保护的作用，就索性由她自己在假山上跳来跳去，只能远远地看着她。多年之后，我常常回忆起这段经历，才慢慢地理解月月是在空间智能上具有优势。

### 孩子的成才之路
写给父母的教育心理学

月月在小学阶段，我们也不断地让她尝试多方面的兴趣爱好。期间学了七八个月的小提琴，在假期学过跆拳道、太极拳、游泳、轮滑和乒乓球。一方面是培养她多方面的兴趣，另一方面是让她多参加运动，强身健体。因为在城市生活，孩子们户外可以玩的活动很少。

女儿在学习绘画的过程中也遇到过困难，月月初一开始学素描，对于静物结构和透视关系不能深入表达。我通过查找资料了解到：处于这个阶段的孩子，他们初步理解了一些透视、明暗知识，模仿写实的绘画，但大多数学生在这种较枯燥的模仿过程中开始退却，兴趣开始减弱。于是，我找到市美术职业学校的老师，给她一对一辅导。经过一个假期的学习，月月总算对静物素描入了门。

月月在高三复读一年，再次高考时已有13年的绘画特长学习，也有了13年的坚持和努力，还有我和她妈妈13年的支持和陪伴。

孩子的将来很大程度上取决于父母的早期发现和培养。作为家长，我们应及早引导和培养孩子发现自己的兴趣和智能优势，尊重孩子的兴趣选择，发挥孩子的智能所长，让他们朝着自己喜欢的方面努力，即发现 – 培养 – 坚持方是成功之路。用艺术家毕加索的话说就是，与音乐界相反，绘画领域内没有所谓的天才……如果没有正确的指导，童年时的才华会在一定年龄彻底消失。

### 故事二 喜欢芭比娃娃的男孩

2009年,在奥巴马总统的就职舞会上,第一夫人米歇尔穿的礼服惊艳全场。会后,这件礼服被美国国家历史博物馆典藏。

它的设计师叫吴季刚,是一位"80后"的华裔设计师,出生在我国台湾地区。吴季刚从小学习成绩就特别不好,但是他四五岁时就有一个爱好,他给芭比娃娃设计服装。五岁的时候,吴季刚每周会拉着他的妈妈到婚纱街去看婚纱。他的妈妈敏锐地看到了儿子的强项,带他到国外上学。在妈妈的一路呵护和鼓励下,吴季刚16岁念中学时到法国当交换生,并在玩具公司美泰(Mattel)举办的芭比设计大赛中获得了大奖,后来他进入了纽约的一家设计学院学习。现在,吴季刚已经成了全球华裔设计师里的杰出代表。

其实,他的故事告诉我们的还是那个道理:孩子将来是靠强项吃饭的,而非弱项。

## 音乐智能

### 概念阐释

音乐智能包括音乐的表演能力、创作能力和欣赏不同风格音乐的能力。表现为喜欢听音乐、唱歌、节奏感强,并能通过演奏、歌唱、作曲等表达自己思想和情感。歌唱家、作曲家、指挥家、音乐评论家、调琴师等都是音乐智能高度发达的人。

## 成长故事

### 故事一　歌手周杰伦

周杰伦出生在台北市一个普通的家庭，回忆起他的小时候，周妈妈用了一句"感谢老天把他赐给我"，充分体现出她对这个宝贝儿子的爱。

小时候，杰伦一听到音乐就会兴奋地随着节奏摇晃，不只是爱看孙越、陶大伟的表演，也常戴着墨镜模仿高凌风唱歌，坐在电视机前也会跟着广告唱唱跳跳。三岁时他开始对录音有兴趣，常常拿着录音机录自己的声音，或唱歌，或编故事，自编、自导、自演又自唱一番。

而周杰伦的爸爸对儿子小时候的评价是："他从小就爱耍帅。"爸爸回忆说："杰伦小的时候，我们一家三口经常一起到海边踏浪，其他小朋友乖乖站着拍照时，他一定会跑到镜头的最前面去抢镜头。爱表现的他常常在家庭聚会时表演，并总能让我们惊喜连连。"

但是，周杰伦的学业从小就很差劲，可谓典型的学渣。高中联考前夕，他的功课还是差。好在当时淡江中学开设了第一届音乐班，周杰伦靠着他的音乐底子考上了，主修钢琴，副修大提琴，这才得以继续学业。不仅如此，因为弹得一手好钢琴，本为学渣的周杰伦竟成为校园的风云人物。

2013年周杰伦参加了央视节目《开讲啦》，没有上过大学的周杰伦在北大开讲，一开头先自嘲："其实我和你们一样，也是平凡人，只是学了点音乐而已。我没有上过大学，还要站在这里给你们演讲，会不会很奇怪？"他说："唱歌比我好的人很多，生命中要有伯乐或者我自己就是伯乐。"

可见，周杰伦虽然自认平凡，但他至少有跟别人不一样的地方。每个孩子要往前走，去找寻自己的那一点跟大家不一样的地方并去把它放大，从而创造出自己的非凡。

### 故事二　钢琴家郎朗

1982年，郎朗出生在沈阳一个有着音乐传统的家庭。郎朗的爷爷曾是师范学校的音乐教师，郎朗的父亲郎国任是一位文艺兵，擅长演奏二胡。

郎朗还不到两岁时，父母给他买了一架立式钢琴。那一天，郎朗一直在玩他的新玩具，直到深夜。

当很多孩子还沉浸于《猫和老鼠》的喜剧动画情节时，只有三岁的郎朗就已经被《猫和老鼠》中汤姆猫所演奏的《匈牙利狂想曲第二号》深深吸引，铿锵有力的音符让这位稚嫩孩童对钢琴产生了浓厚的兴趣，并在家里的钢琴上弹出了基本旋律，父亲由此发现了他的音乐天赋。

经人介绍，郎朗在四岁时开始师从沈阳音乐学院的朱雅芬教授学习钢琴。据朱雅芬教授回忆，郎朗从小就对弹琴很有兴趣，而且与其他孩子不同的是，其他的孩子弹完琴会等着她点评，而郎朗却像在给她表演。五岁时，郎朗在沈阳市的钢琴比赛中拿了第一名。之后，他举行了第一场独奏音乐会。

八岁的郎朗遇到了他钢琴生涯的第一个转折点，为了专心培养他，他的父母做出了一个非常艰难的决定——父亲辞去了工作，陪着郎朗去北京报考中央音乐学院附小。为了完成音乐梦想，父亲对郎朗要求甚严，每天监督他刻苦地练琴。那时每天早上不到 6 点起床，一天要练八九个小时，在他的童年里几乎没有玩耍的时间。由于学琴过程并不顺利，而郎国任又过于严厉，郎朗甚至一度想过放弃钢琴。不过后来父子关系缓和，郎朗在十岁那年以第一名的成绩考入了中央音乐学院附小。

后来，通过一系列比赛和学习，郎朗成功出国求学，成为享誉国际的钢琴大师。别的钢琴家一年的演奏会最多几十场，而成名后的郎朗长期保持的频率是一年120~150场。

郎朗是音乐界的天才，有些能力的确是天生的，但天赋并不意味着他可以通过更少的努力去获得更大的成就。每个人的成才要依据自己的天赋特长来选择适合自己的赛道，而为此努力奋斗，才能有所成就和作为。

## 身体运动智能

### 概念阐释

身体运动智能主要是指善于运用整个身体来表达思想和情感、灵巧地运用双手制作或操作物体的能力。表现为喜欢动手制作东西、喜欢户外活动、与人谈话时常用手势或其他肢体语言，他们很难长时间坐着不动，学习时是通过身体感觉来思考。舞蹈家、演员和运动员是运用身体运动智能最典型的范例。

### 成长故事

#### 故事一　体操王子李宁

"一切皆有可能"这句话是享誉世界的运动品牌"李宁"的广

告语。

李宁，1963年出生于广西壮族自治区，六岁时接触体操。那时的他身体状况并不好，体弱多病，父母为了让他强身健体，每周都会带他去训练馆，长此以往李宁也对体操产生了浓厚的兴趣。1971年，天赋异禀的李宁被广西壮族自治区体操队收入麾下，1980年成绩优秀的他被国家队破格录用，开启了自己辉煌的职业生涯。

李宁先后夺得14项世界冠军和各种赛事的106枚金牌，创造了世界体操史上无人能及的神话，并被誉为有史以来最伟大的体操选手。

"体操王子"李宁退役后，于1990年创立了李宁（中国）体育用品有限公司，现已成为国际知名的运动品牌公司。

我们从李宁先生的成长经历可以看到，孩子的特长培养如果能及早地开始，他的发展也是"一切皆有可能"。作为父母，我们永远也不要给孩子设限，因为兴趣是最好的老师。

### 故事二　中国巨人姚明

1980年，姚明出生在上海的一个篮球世家。父亲2.08米，曾效力于上海男篮；母亲1.88米，20世纪70年代是中国女篮的主力队员。父母身高的特征和对篮球酷爱的基因，都毫无保留地传给了姚明。

受遗传影响，1986年姚明上小学一年级时，身高就达到了1.47米，比班上孩子高出整整一头。

9岁时，姚明在上海徐汇区少年体校开始接受业余训练。

1993年，13岁的姚明身高达到1.96米，他效力于中国篮球联赛（CBA）中的上海大鲨鱼少年队。

1998年4月，他入选王非执教的国家队，开始篮球生涯。

2000年2月，姚明入选亚洲全明星队。他在2002年的NBA新秀选拔赛中大放光芒，以状元的身份进入NBA，退役后又入选NBA名人堂，成为中国第一人。姚明身为球员时便带领着中国男篮打出最好成绩，退役后的他是中国篮协主席，依旧带领着中国男篮一步步前进着，奉献着自己的力量。

姚明从小拥有得天独厚的身高优势，他擅长操作篮球，"手眼脑"的配合以及协调良好，他的身体运动智能是显而易见的。同时，姚明在长期的学习和训练实践中，同时发展了其他智能。尤其是语言智能、人际交往智能的发展，综合能力使他成为中国体育史上国际影响力以及市场价值最大的明星。

# 语言智能

## 概念阐释

语言智能是指能掌握并灵活运用口头语言及文字的能力（即听说读写能力），表现为能顺畅且有效地利用语言描述事件、表达想法和与他人交流。诗人、作家、律师都是语言智能高度发达的人。

## 成长故事

### 故事一　美女翻译张京

张京是杭州人，她还在上小学时就对英语产生了浓厚的兴趣。

上小学三年级时，张京就告诉父母，自己想参加课外英语班，同时还想订阅英语书籍进行学习，希望父母可以支持。只要有机会，她就主动用英语和外国人交流沟通，锻炼自己的英语口语能力。在学生时代，张京就梦想着成为一名出色的外交官。为此她付出了不少的努力，尤其是在英语的学习上非常刻苦。在杭州外国语高中读书时的班主任吴玉波老师曾说过，她是个执着且专注的人，知道自己要什么。

高二时张京曾拿到一笔奖学金，脑海中浮现的第一个念头竟然是拿这笔钱去英国游学，锻炼自己的英语能力。带着这样的想法，在游学过程中认识了一位当地的女高中生，结下了深厚的友谊，两人相互鼓励互相学习。游学之旅让张京收获良多，尤其是在英语水平方面。同时，也让她更坚定要成为一名外交官的想法。

2003年，张京从杭州外国语学校毕业，被保送到外交学院英语专业。在学校组织的专业比赛中，张京多次获得了一等奖，并在第十届"外研社杯"全国英语辩论赛上获得冠军。

即便问鼎冠军，她每天也雷打不动学习14个小时的英语，并且用大量时间攻克听力、同声传译，提升实战能力。

2007年，张京进入外交部从事翻译工作后，由于技术一流，于2008—2009年被公派英国留学获硕士学位，从此肩负起国家外事活动的翻译任务。

张京在小时候由于对英语有兴趣，就主动参加课外班、订阅书籍进行学习，她需要的是父母的支持和鼓励。我们可以看到，如果孩子能找到自己的兴趣和天赋，学习就会有很强的积极性和主动性。因此，最好的家庭教育是支持和陪伴。作为父母，我们要和孩子一起尽早地发现他的智能优势，享受孩子的成长。

## 故事二　会讲故事的莫言

莫言在接受央视记者采访时曾经说："我从小特别迷恋的一类人就是讲故事的人。"他也喜欢说话，又具有极强模仿力、有很好的记忆力。别人讲的快板书，他听一遍就能背诵出来。

听了故事莫言就忍不住想讲给别人听。莫言回家对他的父母讲，对他的哥哥姐姐讲。他们刚开始对莫言的这种讲述非常反感，觉得他在集市上听书是不务正业，但是很快他们就被莫言的这种讲述所吸引。

莫言的母亲后来对他网开一面，允许莫言去集上听人说书。回来以后，晚上面对很小的油灯，母亲做棉衣时莫言在旁边讲他听到的故事。

当然有的时候莫言也记不全，他就开始编造，可能编得还不错，以至于莫言很小的时候也成了一个说书人。

母亲在听完他的故事后，有时会忧心忡忡地，像是对他说，又像是自言自语："儿啊，你长大后会成为一个什么人呢？难道要靠耍贫嘴吃饭吗？"

莫言回忆上学的经历时说道："我是一个数理化极其糟糕的人，我自学过一点数学，尽管我解一元二次方程时可能不太正确。但在我身上，却显露出极强的说话能力和极大的说话欲望。我是一个迷恋故事的孩子，醉心地聆听着人们的讲述。对一个作家来说，最好的说话方式是写作。我该说的话都写进了我的作品。用嘴说出的话随风而散，用笔写出的话永不磨灭。"

2012年的诺贝尔文学奖颁给了莫言。

莫言老师说自己的数理化极其糟糕，但是他却有极强的说话能力。正所谓没有人是全能的，也没有人全无能。我们必须善于发现孩子的兴趣，放大他们的长处，学会赏识教育，从而尽可能地发挥孩子的主动性。

## 数学逻辑智能

### 概念阐释

数学逻辑智能是指人能够进行数学运算、分析综合、逻辑推理的能力。表现为对数字敏感、数学运算能力好、有很强的抽象思维和逻辑推理能力。会计、审计员、工程师、数学家、科学家、计算机程序员等需要更多地运用此智能。

## 成长故事

### 故事一　数学家陈景润

1933年5月22日，陈景润出生在福州市的一个普通家庭，由于他的兄弟姐妹多，因此家里的日子经常捉襟见肘，入不敷出。但就是在这样艰难的情况下，父亲陈元俊也多次对孩子们说："人活在世上，不读书是不行的，必须苦读圣贤书。"

陈景润从小性格比较孤僻，他最喜欢的就是躲在家里的茶叶箱子里看书。他只要沉浸到他的数学世界里面，就是最喜悦的。

陈景润在福州的英华中学读书时，他的同学们都管他叫"Booker"。就是说，同学们都认为陈景润这个人是可以被当作书本来用的一个人。同学但凡有问题要问他，他不仅可以告诉同学们解答的思路，而且可以准确地告诉他这道题出现在书本的哪一页。

1953年，陈景润毕业于厦门大学数学系。由于他对数论中一系列问题的出色研究，受到老一辈数学家华罗庚的重视，被调到中国科学院数学研究所工作。

其实在数学研究上的成功不仅是靠他的天赋，更是靠他后天的勤奋。陈景润有一个读书的习惯，就是他会把书都拆开来，然后每次出门或到哪里就随身带上几页。用我们现在的话说，他把所有碎片化的时间都用在钻研数学上。

数学家陈景润虽然在人际交往中属于不善于交际型，而且据说他的语言表达能力极差，但正是因为他在数学上的精深造诣，终于为神秘的"哥德巴赫猜想"掀开了冰山一角。从他的身上，我们可以清楚地认识到一技之长的重要性。由此可见，教育的真谛或许就在"尺有所短避其短，寸有所长扬其长"，避开弱项，放大其闪光点。

### 故事二 "大先生"杨振宁

众所周知，杨振宁是中国人的骄傲，他和李政道一起于1957年获得了诺贝尔物理学奖。尽管杨振宁成功的外在因素多种多样，但这与促使他健康成长的家庭环境，特别是父母对他的教育密切不可分。

在杨振宁的儿童时代，对他影响最大的还是他的母亲对他的启蒙教育。尽管当时形势恶劣，但他那位没有接受过新式教育、只略懂些古文的母亲总是抽出时间坚持教小振宁认字。在他四岁时，母亲把纸剪成一个个方块，在上面写上字，不断地抽出来让小振宁去认。一年之间，母亲竟教杨振宁认识了3000多个汉字，那是使杨振宁一生受益的3000个字。

杨振宁五岁时，母亲又专门请一位老先生教他读古文。杨振宁凭借熟识 3000 字的功底，很快就把《龙文鞭影》背得滚瓜烂熟了。从那上面，他不仅学到了中国古文，还受到了自然知识的熏陶。

当杨振宁六岁时，父亲杨武之学成归来，杨武之开始教儿子许多新的知识。他用大球和小球讲解太阳、地球和月亮的公转情形，同时教授英文字母，也教杨振宁一些算数。广博的知识开启了杨振宁的视野，也大大增加了他的求知欲。

到九岁时，杨振宁的数学天赋渐渐显现出来。升入初中后，他在这一方面的能力更充分显现。杨振宁 16 岁该考大学了，杨武之这才不慌不忙地介绍儿子接触近代数学的精神，让儿子渐渐明白纯数学太虚，不够实用。杨振宁的目标转到化学上，但在准备入学时，他自修了高三的物理，发现物理更适合自己的口味，认为自己有学物理的气质。于是，杨振宁毫不犹豫地选择了物理专业，而扎实的数学基础为他在物理上的成就铺平了道路。

杨振宁先生"大"之养成，得益于其家庭教育。一是来自其母亲对他的早期启蒙教育，二是其父亲引导他在数学方面产生了浓厚的兴趣，并对他进行了良好的数学基础教育以及给他传授了广博的知识和中国传统思想文化。杨先生从小在数学智能强项的基础上发展，并且得到了全面的教育发展，才成就了他成为"大先生"。

# 人际交往智能

## 概念阐释

人际交往智能是理解他人的性格、心理、目的、愿望,与他人有效互动的能力。表现为人际交往能力强、人缘好、善于处理人际冲突和矛盾。推销员、公关人员、演员、教师、心理咨询师、企业家、外交家、政治领袖、宗教领袖等都需要有较好的人际交往智能。

## 成长故事

### 故事一  社交名媛靳羽西

1946 年,靳羽西出生在广西桂林,父亲是著名的岭南派画家靳永年。她从四岁开始学习芭蕾和钢琴,优良的家教,培养了靳羽西健全的人格和社交能力。

青少年时期的靳羽西跟随父母移居香港,16 岁前往美国深造。在获得音乐硕士学位后她做出了人生中的重要决定,将她所有的精力都集中到她热爱的事情上:架起东西方交流之桥。

当时的靳羽西从美国毕业后从事过对外贸易的工作,后来,她进入曼哈顿的一家电视台做记者和主持人,所以她对传媒有了一定的了解和经验。在当时的时代背景下，她想到与西方取得交流的最好媒介就是传媒。

后来，靳羽西利用自己的东方背景在美国公共电视网制作了一档节目叫《看东方》。通过这个节目，向西方展示了一个古老神秘的中国，当时的西方国家对中国这个古老的国度充满好奇，中国的衣、食、住、行和各种古老文化对西方人来说都是生活中的新颖事物。

所以这档节目在西方非常受欢迎，连续制作了八年之久。西方人还称靳羽西为当代的马可波罗。1986年，CCTV出现了一个非常洋气的节目——《世界各地》，当时人们通过这档节目了解到国外人的生活，第一次知道国外的样子，所以当时这个节目在国内引起了很大的轰动。

而这档节目的主持人就是靳羽西。自此，她再一次地红遍中国的大江南北。靳羽西后来还采访过很多名人，所以她的社交能力也因此得到了锻炼，这也为她奠定了坚实的人脉基础。

20世纪80年代，中国的大门渐渐向外界打开，从此源源不断地有外来文化的涌进，也不断地有中国的文化对外输出。其中，靳羽西就充当着东西方文化交流的"大使"。

据统计资料表明，良好的人际关系可使工作成功率与个人幸福达成率提高至85%以上。而知识、技术、经验等因素仅占15%。由此可见，人际交往智能在我们日常生活中的重要性，作为家长提升孩子的人际交往智能至关重要。

## 故事二　高情商的黄渤

黄渤，1974年出生于山东青岛，是中国内地男演员。他早年做驻唱歌手、舞蹈教练、影视配音等多种工作。2006年因出演宁浩执导的电影《疯狂的石头》而成名，2009年第一次成为影帝。

黄渤在演艺圈的成功绝非偶然，除了高超的演技，高情商为他的成功起到了比较关键的作用。他的高情商可以用很多鲜明的特质来概括：黄渤善解人意，善于处理人际冲突和矛盾，能迅速明白对方的意思并做出积极回应。

在他成名前，曾在歌舞厅里做过七年驻唱，不是那种特邀嘉宾，是作为现场活跃气氛的谐星。有时候，他唱一首歌时，台下面就有人开始起哄："下去，下去，滚下去！"那时候看不起他的人太多了。面对这样的情况，一般人或许早已内心崩溃，落荒而逃了，然而黄渤并没有。他只有自己给自己找台阶下："好的，那我真的下来了哦。"下去之后，又笑嘻嘻地站上台，说："接下来我给大家带来一首《喜欢我的人都好运》。"

黄渤有与他人有效互动的能力，口才好、反应快，任何梗都能接得恰到好处。有一次，女演员闫妮开玩笑地说，对黄渤的第一印象就是丑。当得知要与黄渤演对手戏时，她知道自己已经走向了丑星行列。面对这个有点使人难堪的局面，黄渤却机智地接话："我觉得和你拍戏，是我要走向帅哥的行列。"这不仅间接夸了对方的颜值，而且维护了自己的尊严，这个回答让闫妮赞不绝口，直夸黄渤太会说话了。

每一次，黄渤都能够巧妙避开那些使自己难堪的"坑"，并将话题用大家都能接受的形式愉悦地表达出来，让每个人都如沐春风。也就是说，他能先保证自己舒服，同时让别人也感觉舒服。而这才是真正的高情商！

在我们的日常生活中，越来越多的人开始注意情商。哈佛大学心理学博士丹尼尔·戈尔曼和其他研究者认为，情商是由自我意识、控制情绪、自我激励、认知他人情绪和处理相互关系五种特征构成的。我们由此可以看到：一个高情商的人，善于表达自己的情绪和情感，善于控制自己的情绪，善于调控他人的情绪。情商高的人具有较强的人际交往能力，而人际交往能力可以强化一个人受社会欢迎的程度。很显然，黄渤的语言智能、人际交往智能和自我认识智能都是很高的，这才成就了他受大众欢迎的高情商影帝形象。

# 自我认识智能

## 概念阐释

自我认识智能是认识自己的智能结构、性格特点、行为风格，理解自己的感情生活和情绪的变化，并据此做出调整，操控自己行为的能力。其表现为喜欢独处，对自己的生活有规划，学习时喜欢深入地自我思考。作家、心理辅导员、哲学家、宗教人士等人在自我认识智能上有比较突出的表现。

## 成长故事

### 故事一　哈佛大学心理学博士岳晓东

岳晓东博士是中国著名的心理学家，他在大学毕业后赴美深造，1993年获得哈佛大学心理学博士学位。他是国内第一位毕业于哈佛大学的心理学家。

岳晓东常说，自己最成功的就是两次生涯投资：一次是学英语，一次就是学心理咨询。

1975年，他上高一，对英语产生了兴趣，决定以后学好英语，到国门外去见世面。于是，1978年他考入北京第二外国语学院英语系，1982年获得英国语言与文学专业学士学位，同年，他去往澳大利亚学习英语教学法，在那里第一次接触到心理学，他开始对教育心理学感兴趣。后来，又在美国塔夫兹大学取得了教育心理学硕士学位。

在外国求学的前几年里，他发现英语只是一个工具，它本身不能带给他什么。于是他渐渐转向了教育心理学，教育始终涉及了人的心理，教书育人的过程中本身就包含着对内心的教化。中国古代先哲说"因材施教"，古希腊就有"体液说"来区分人的气质类型。据他自己说，最早的兴趣就源于此。这并不奇怪，一个很早就对自己的人生发展有规划有想法的人，一个对世界对生活有热情和好奇的人，自然会有兴趣研究自己和他人。岳晓东博士说，进入心理学领域正是兴趣驱动，他天生对心理学感兴趣。加之他在语言智能上的优势，在哈佛大学读博士时，选择了心理咨询的课程，并成了他日后的主攻方向。

爱因斯坦说过："兴趣是最好的老师。"岳晓东先生在对自己的志趣追逐中，在自我认识智能和语言智能强项的基础上得到了发展，找到了自己的主攻方向，成为著名的心理学家。

### 故事二　哲学家楼宇烈

楼宇烈先生1934年生于杭州，在上海求学。

1955年高考结束后，21岁的楼宇烈先生第一志愿报考并进入了北京大学哲学系学习。楼先生说，那时候他对探索人生、探索自然界都很有兴趣，后来他看到哲学是自然科学和社会科学的总和，所以就选了哲学专业。楼宇烈先生先后师从冯友兰、任继愈、张岱年等国学大师。

楼宇烈先生1960年毕业后留校任教至今，他是北京大学哲学系教授、北京大学宗教研究院名誉院长，也是我国现代著名国学泰斗、著名哲学家、佛教学者。

楼先生长期从事中国哲学、佛教方面的研究工作，在世界范围内产生了巨大影响。

六十多年一晃而过，楼宇烈先生在北大从一介学子成长为哲学泰斗，正是源于他凭自己的兴趣爱好选择哲学专业作为报考的第一志愿。我们可以看到，一个人的专业选择和他的天赋兴趣匹配度，对人生的成就是何等的重要。

## 自然观察智能

### 概念阐释

自然观察智能是拥有分辨生物（动物和植物）的能力和对自然

界（天气和土石结构等）的敏感度。表现是对自然界的入迷，他们喜欢户外活动和园艺，也喜欢饲养动物，喜欢去动物园和水族馆这些可以研究自然世界的地方。一般而言，植物学家、动物学家、环境工作者、摄影家、生态学家、地理学家、农业工作者等在自然观察智能上都有突出的表现。

## 成长故事

### 故事一　杂交水稻之父袁隆平

1930年9月7号，袁兴烈和华静的第二个孩子出生，这就是袁隆平。袁隆平从小被父母寄予厚望，当时父亲袁兴烈并不希望孩子学农种地，但袁隆平偏偏就走上了农业的道路。袁隆平曾回忆说："小学春游的时候，我看到五颜六色的植物和绿油油的庄稼，顿时就产生了浓厚的兴趣，在心里种下了一颗学农的种子。"

袁隆平填报志愿的时候，父母和他进行了一次深刻的谈话。他们问袁隆平究竟想要学习什么？袁隆平认真地回答说："我要学农业，我要为农业奋斗。"

父母尊重了袁隆平的选择，于是袁隆平就到了重庆相辉学院农学系，也就是现在的西南大学，开始了农业学习和研究。

我们从袁隆平先生的成长故事中可以看到，作为父母不要以自己的标准、愿望和喜恶来限定孩子的志愿方向，要尊重孩子的兴趣和天赋。

### 故事二　地质学家李四光

1889 年 10 月，李四光出生在湖北黄冈的农村，他的父亲是私塾先生，母亲是一位农民。

李四光从小就喜欢动脑筋，经常向别人请教问题。他帮妈妈舂米用脚踩踏板时，人小踩不动，他就动脑筋用绳子绑在石杵那一头的踏板上，当脚往下踩时，用手使劲拉绳子，这样石杵就动起来了。他和小朋友去荷塘采藕，小伙伴大多嘻嘻哈哈，打闹取乐，半天只能采几节断藕带回家。而李四光精明能干，他先顺叶踩到藕，再用脚小心地探出藕的方向，然后依着它生长的方向一点点把泥踩去，收获一根根完整的鲜藕。

李四光祖屋的后边山上有一块奇怪的大石头，他小时候常常在这里玩。玩的时候他就想，这块石头跟旁边的石头都不一样，它从哪儿来的？问了许多人都不知道，从那个时候起他就对自然界产生了浓厚的兴趣。

后来，李四光独自一人来到武昌，报考官办小学堂。考试发榜，李四光名列第一。在小学堂，他勤奋攻读，刻苦钻研，成为一名小学堂优等生。

14岁那年，因学业优秀，李四光被学校保送到日本深造。在日本上大学期间，他对地质学发生了兴趣，立志探索地质构造的奥秘。

1913年，李四光到英国伯明翰大学攻读地质学，取得了地质学硕士学位。他不为国外优厚的待遇和工作所动，学成后毅然回国。几十年来，他在地质构造上悉心研究，提出了地质力学的构造理论，并用这个理论去寻找石油天然气资源、矿产，预测地震，开发地热，在中国地质史上写下了光辉的一页。

可以说，李四光先生从小就对自然界产生了浓厚的兴趣，有着自然观察智能的天赋。他14岁对地质学发生了兴趣，后来取得了地质学硕士学位，几十年如一日地从事地质研究，取得了巨大的成就。李四光先生最终达到的高度源自他的天赋和毕生的努力。

# 第 2 章
# 发现孩子的智能强项

在传统的学校教育中，老师和家长都比较看重孩子的语文和数学成绩，而这两门学科主要训练的是孩子的语言智能和数学逻辑智能，很多人常常以此来衡量一个孩子的优秀与否，其实这种观点是非常偏颇的。在孩子的成长中，还有一些非常重要的智能也是我们必须关注的。

多元智能之父霍华德·加德纳博士认为："人的智能是多元化的，我们应该更广泛地看待'智力'这一概念。每个孩子都是独一无二的，都有着聪明之处，也都具有在某些领域成才的能力。没有人是全能的，也没有人是全无能的。"

所以，每个孩子的爱好和天赋都不一样，家长要善于发现和挖掘孩子的兴趣和特长，然后根据对孩子的观察和测试，找出孩子身上的闪光点，扬长促短，对孩子进行针对性的教育。正如中国科学院心理研究所张梅玲教授所说："孩子的教育要用心，教育的本质应该是发现每个人身上的闪光点。"21世纪是几代人共同学习成长的年代，我们家长要好好学习，孩子才能天天向上。

那么，我们如何才能发现孩子多元智能的强项呢？

只要父母在日常生活中对孩子多细心观察，就会看到他与别人不同的地方。

- 他是好说还是爱动？
- 她喜欢交流还是喜欢静静地观察？
- 你的女儿是否喜欢在作业本上乱涂乱画，而不是用来记笔记？她的图形智能或许很不错。
- 你的儿子是否因为经常弹响指打扰他人？他的身体运动智能可能会很强。

父母还要和孩子多沟通，让他自己确认是不是喜欢？愿不愿意去专业的学校学习？

与诸多盯着儿童不足的评估方法不同，多元智能理论告诉我们：要强调对儿童能力强项的识别和展现。所有儿童，都至少在某一个领域有着相对于自己或相对于他人的智能强项。

这意味着，家长对孩子的养育并不是简单地灌输教科书上的知识，而是打开孩子的内心和视野，让孩子自我发现、自我实现。家长要有一双善于发现的眼睛，在学校教育之外，想方设法点燃孩子心中的火焰，给他们更多的机会去尝试，从而发现孩子多元智能突出的强项,发现孩子的天赋。

## 观察

想要了解孩子各种智能的水平,最好的方法就是观察。

我们在生活中全面了解孩子的日常情况,通过观察孩子,我们可以更加深入地看到他们的各种能力和兴趣,知道哪些活动最能吸引他们的注意力,更好地发现孩子的智能强项。优秀的家长就是要做一名出色的"寻宝人",引领孩子发现自己的闪光点,帮助孩子认识自己的强项和优势。

实际上,这种观察使我们明白,只有放下自己的希望、思想和标准,全身心地聆听,你才有可能真正觉知到真相,觉知到现实。

## 瞄准四至七岁的黄金关键期

### 心理发展的关键期

心理发展的关键期是指,个体学习某种知识、技能比较容易或其心理的某个方面发展最为迅速的时期。例如,二至三岁是个体学习口头语言的最佳年龄,四至五岁是开始学习书面语言的最佳年龄。个体在关键期内,容易迅速习得某种知识和技能。同时,某一心理机能的发展对内外条件也极为敏感，或某些行为在此时期就容易得到修正，错过这一时期或在这一时期受到阻碍，所造成的发展损失将难以弥补。例如，儿童学习动作技巧的能力在六岁前发展最明显，音乐家、奥运健将和职业运动员常常在六岁前就开始练习有关技巧。

三至六岁的幼儿阶段对孩子来说非常关键，是他们习惯养成、学习能力和潜能开发的重要时期。幼儿的早期教育是一个不容忽视的问题，它是人一生教育的黄金时间。如果错过了教育的"关键期"，将会在孩子未来的成长和发展中形成更多的障碍。作为父母对孩子进行教育，最为重要的是要抓住关键期。

### 递减规律

大量的科学研究表明，儿童的潜能培养遵循着天赋递减这一奇特的规律，即儿童的天赋随着年龄增大而递减。教育得越晚，儿童与生俱来的潜能就发挥得越少。

日本儿童早期教育专家木村久一对这种潜能的递减规律也做了更形象的阐述：

假如把儿童生来就具有的潜能按照100分来计算，如果从儿童一出生就进行理想的教育，孩子长大后就很有可能成为具有100分能力的人；如果从五岁开始教育，即使是理想的教育，长大以后也只能成为具有 80 分能力的人；若从十岁开始教育，长大后也只能成为具有 60 分能力的人。

递减规律有以下两大特点。

- 一是教育开始得越晚，孩子最终发挥出来的潜能就越少。
- 二是不可逆转，每种能力的发展期长短不同，一些能力如果在特定发展期没有被及时开发，可能就会被永远埋没，比如说，"小鸡追随母鸡"的能力发展期是在孵出后四天左右，如果四天内不发展这种能力，小鸡就认不出妈妈了。

当然，越早唤醒孩子的智能，它就越可能成为孩子的优势。不过，唤醒那些长时间沉睡的智能，无论何时都不晚，不管是在孩子进入青春期还是成年以后。每一种智能，在每个人的一生中都可以得到强化和发展。

## 观察孩子的行为

在孩子四岁之前，家长一般很难判断他会优先运用哪些智能，因为他对一切都充满了兴趣。随着孩子慢慢长大，你会逐渐发现，孩子有些智能比较强，有些智能比较弱。

在观察孩子的过程中，家长要特别注意两个方面。

### 看兴趣

- 占用最多的时间：每个人都有自己的天赋和强项，就是看他对一件事情特别想做、特别愿意做，花时间去琢磨它，经常找些书来看，想方设法地体现它。孩子在活动中会忘记时间，沉醉于其中。
- 最专注：他能自发、专注、注意力集中地参与活动。
- 最快乐：孩子活动时显得非常快乐、投入、具有创造性，脸上流露出笑容，嘴里发出笑声，总是异常地高兴。

### 看能力

- 最主动：当一个孩子发现自己在某方面有一定的能力，他会很自然地喜欢运用自己的这种能力。
- 最爱表现：孩子在其兴趣或强项领域活动时易于交往和合作，愿意与父母及亲友互动，最爱表现自己的优势。
- 最突出：相对于其他人或其他智能，这是孩子身上的闪光点，也是相对突出的项目。如果他的突出表现得到大人的赞赏，他会因此获得很大的成就感，自信和自尊也明显增强。

正如前面提到的著名作家莫言的故事，他小时候爱听书，也爱把故事说给母亲听，在母亲的认真倾听与鼓励下，莫言的故事越来越绘声绘色，还喜欢添枝加叶。其实这些说书人就是莫言的启蒙老师，而母亲则是他的第一位忠实的粉丝与伯乐。是母亲发现了莫言身上对文学感兴趣的特质，并予以鼓励与支持。莫言在诺贝尔文学奖颁奖典礼上说自己是一个"讲故事的人"，我们可以看出，语言智能是他的强项和优势，莫言先生凭着他的写作才能取得了巨大的成就。

## 倾听

为了更好地确认孩子的强项，可以实施三元互动的教育：家长、教师和孩子三方互动，沟通联系；父母主动与老师和自己的孩子沟通，听取他们的看法和想法。

### 听学校老师怎么说

进入小学生活以后，孩子一天的大部分时间都是和老师及同学相处，老师可能比我们更了解孩子的长处或缺点。作为家长要多听取老师的建议，以便有的放矢地让孩子尝试和发展其感兴趣的地方。

## 听孩子怎么说

为了更好地挖掘孩子的天赋，从中了解孩子的偏爱，父母在生活中除了可以有意识地进行观察，还可以从闲聊中发现孩子的天赋。我们要倾听孩子内心的声音，听听孩子自己的选择，有时孩子会有意或无意地说出自己的兴趣和爱好。

## 听亲友和邻里怎么说

我们的孩子在街坊邻居眼里是别人家的孩子，听听其他家长怎么谈论自家的孩子，有哪些优点，又有哪些缺点？我们可能真是应了"不识庐山真面目，只缘身在此山中"那句话，旁观者可能看得更清楚。

奥运射击冠军杨倩的启蒙教练虞利华说，他至今还记得自己第一次见到杨倩的那一幕："她的眼睛很有灵气，眼珠子里像有水滴一样。"

2010年底，国家级教练虞利华想着为队里补充年轻队员，便前往宁波鄞州区姜山镇茅山小学查看有没有什么好苗子。

虞教授走进班级，先让视力好的孩子自己站起来。刚上四年级的杨倩毫不犹豫地就站了起来。乖巧听话，气质又好，小姑娘给虞教练留下了十分深刻的印象。尤其是到了测试的时候，杨倩出色的表现,更是让虞教练吃了一惊:"燕式平衡做得很稳,一点不摇晃。5.6 毫米直径的弹壳,一只手拿一块板,一只手往上叠,她叠了七个,手一点不抖。"虞利华爱才心切,邀请杨倩来练射击,没想到杨倩家人的第一反应却是拒绝。家里人都没有从事过体育事业,觉得一个小姑娘跑那么远,又十分辛苦,实在不舍得。

好在,虞利华不断地向杨家人介绍自己和射击运动,家里人也看了一些相关资料,决定让杨倩去试试。就这样,杨倩在 2011 年自己 11 岁的时候,进入宁波市体校开启了射击之路。

## 询问

父母可以做一件很关键的事,就是问"对的问题"。下面是几个帮助孩子发展的重要问题:

- 你对什么有兴趣?你做什么最享受?什么会让你发光?是音乐、文学、数学,还是体育?
- 你最擅长什么?你的才能在哪里?孩子要能够了解自己天生的才能,如果是先天失聪,可能就不适合当音乐家。
- 父母和孩子沟通商量,让他自己确认是不是喜欢?愿不愿意去专业学校学习?

"高考战神"王金战是著名教育专家、全国优秀教师。当年王金战老师从青岛调到中国人民大学附属中学任教时,女儿上小学五年级。调到北京以后,王老师先是陪着孩子去参观了北京大学,询问孩子的感受。女儿看到北京大学校园的环境,说她今后一定要考北京大学。

王金战老师也希望孩子能上一所名牌大学,这是当家长的共同心愿。可是当初一结束之后,王金战老师突然发现女儿智力并不超常。所以当时他想以这样的智力水平考北大,可能性不是很大。

在研究了清华大学、北京大学等名校的招生政策后,他发现,可以让孩子走艺术特长生的道路。而且女儿刚上初一,即便从现在开始学,每天也耽误不了太多时间。

王金战老师和女儿商量、沟通后,了解女儿的内心想法和打算,结果发现女儿对乐器很感兴趣,于是决定让孩子走乐器特长生。就这样到了高三,王金战同时为女儿报了北京大学、清华大学、中国人民大学的冬令营。在这三所高校的专业测试中,他的女儿都是第一名。

后来,女儿顺利考入北京大学。

这么多年,王金战老师不光把"智力一般"的女儿送入了北京大学,同时也帮助了很多的孩子。他风趣地说:"我只要看到一个孩子就问'你有什么特长吗?'"

我们可以看到，家长最应该做的事就是去找孩子的天赋、优势、特长，让你的孩子在强项的基础上发展。而且，今天的社会最大的特点，就是每个人有了更大的成长空间和自由。

## 尝试

为了发现孩子的潜力，父母可以带着他去做各种的尝试，如去打球、去游泳、去画画，琴棋书画都要广泛地去做。这个尝试的过程就是发现的过程，最后会发现他喜欢什么。父母此时要耐心呵护他，给他提供发展和锻炼的机会。一个人如果能把他的精力集中到他最擅长的事情上，慢慢地做到极致，就是好的教育。

让孩子在最初的学习阶段就能充分享受乐趣，并有信心完成自己所有的想法，是孩子后续能持续主动学习的关键。让孩子有目的地多活动，多接触各种智能活动领域，父母可以积极地观察孩子，了解他的兴趣和能力。

1976年，国际象棋大师诸宸出生于浙江省温州市一个温馨的知识分子家庭，父亲是工程师，母亲是教师。父母很重视对诸宸兴趣的培养，但凡她喜欢的，都不妨大胆一试。

七岁那年，诸宸被国际象棋美丽的外观吸引，就动了要学习的念头。对于突然萌生的兴趣，父母自然是支持的。没想到，一番培训下来，诸宸表现出了超乎常人的潜力。

八岁的时候，诸宸开始跟随黄希文更为系统地学习国际象棋。

20世纪80年代的中国，国际象棋的存在感并不强，研究资料十分有限。为了支持诸宸学棋，父母不惜跑去图书馆海淘资料，几经查找，终于发现了一本《国际象棋开局原理》。回想起这本书，诸宸至今都备感温暖，因为家里存着一份一模一样的手抄版，是父母当时熬夜帮女儿逐页手抄的。

家人的支持与浓厚的兴趣，让年幼的诸宸很快在国际象棋界崭露头角。

## 遗传基因

遗传基因是一脉相承的，可以从中找出家族智能遗传的共性、突出的智能优势项。芬兰一项研究成果表明，人类的音乐天赋具有很强的遗传性。研究人员选择来自31个芬兰家族400名音乐家、业余爱好者和未受过音乐训练的人为研究对象。通过听觉构建能力测试、西肖尔音高分辨以及时间辨别测试等全面评估被试的音乐才能。结果发现，在芬兰音乐世家的音乐才能中，约有50%可解释为基因因素，从分子遗传学层面揭示了音乐天赋的遗传性。

## 第 2 章　发现孩子的智能强项

钢琴家郎朗出生在东北的一个普通音乐世家，爷爷是师范学院的音乐老师，在当地颇有威望。父亲郎国任自幼喜爱文艺，尤其痴迷二胡。后来，郎国任考上了沈阳空军文工团，成为一名二胡独奏演员和乐队首席。母亲曾在学校里当过文艺骨干，主唱、领唱、领舞样样都行，还在小型话剧里扮演角色。

在音乐的熏陶下，郎朗很早就表现出了音乐天赋，不到一岁就能哼出调，最爱哼的是《大海啊我的故乡》。两岁半的时候，看完动画片《猫和老鼠》，自己跑到钢琴上把刚才的主旋律弹出来了。这两件事，让父亲郎国任意识到儿子有比自己更出色的音乐天分，下定决心让郎朗学琴。

## 量表评估

为了帮助父母们更精确地分辨孩子的多元智能，你可以利用下面的"多元智能自查表"来进一步了解孩子的智能强项与弱项。父母们可以对照一下,看孩子哪方面能力较为突出,从而有针对性地进行引导,更好地开发孩子的潜能。

## 多元智能自查表

请仔细阅读以下每一条表述,若孩子的表现与此表述相符,就在每条表述的括号内打"√",否则打"✕"。

( )1. 经常绘画或随手涂鸦。

( )2. 唱歌时音节很准,音乐成绩也相当不错。

( )3. 喜欢运动并对某种体育项目尤其擅长。

( )4. 在背诗词和有韵律的句子时,表现很出色。

( )5. 喜欢心算或解答数学相关的问题。

( )6. 能注意到父母愁闷或高兴时的情绪变化,并做出反应。

( )7. 喜欢独处和独立行事。

( )8. 喜欢养动植物。

( )9. 喜欢积木玩具或玩拼图和迷宫游戏。

( )10. 喜欢听各种乐器,并能通过辨音认出它们。

( )11. 很早就会系鞋带,并出人意料地学会骑车。

( )12. 喜欢听别人讲故事,喜欢听评书。

( )13. 经常会问"十万个为什么"这类的问题。

( )14. 喜欢参加团体活动,和大家一起聊天、讨论。

## 第 2 章 发现孩子的智能强项

(  ) 15. 知道如何计划自己的事情,并积极实现这些计划。

(  ) 16. 能够区分不同动植物的品种。

(  ) 17. 外出旅行时,能记住沿途标记,对曾到过的地方记忆犹新。

(  ) 18. 喜欢唱歌,喜欢听音乐,喜欢玩乐器。

(  ) 19. 善于模仿各种身体动作及面部表情。

(  ) 20. 能绘声绘色地讲故事。

(  ) 21. 善于把各种杂乱的东西分门别类地放置。

(  ) 22. 在陌生的环境也能很快和大家打成一片。

(  ) 23. 清楚自己的强项和弱项。

(  ) 24. 喜欢去露营和其他户外活动。

(  ) 25. 喜欢看照片和图画。

(  ) 26. 听到音乐手脚就会自动摆动。

(  ) 27. 心灵手巧,喜欢做手工和拆装玩具。

(  ) 28. 喜欢阅读并善于复述书中的故事情节。

(  ) 29. 喜欢玩数独或棋牌。

(  ) 30. 能帮助身边的人改善关系。

(  ) 31. 容易察觉到自己的情绪状态和心情的好坏。

(  ) 32. 喜欢观察大自然的变化以及动植物或昆虫的成长。

(  ) 33. 能注意到穿着不搭配或颜色不协调。

(  ) 34. 能哼唱刚听过的歌曲和旋律。

(  ) 35. 活泼好动,很难长时间坐着。

（　）36. 口头与书面表达能力强。

（　）37. 能熟练使用计算机。

（　）38. 喜欢为自己和朋友们组织活动。

（　）39. 能够从自己的成功或失败中学习。

（　）40. 喜欢去农场或动物园。

评估办法：下表中的数字代表上面能力检测中的题号，请将打对号的题号填到相应下表中。

| | | | | | |
|---|---|---|---|---|---|
| 空间智能 | 1 | 9 | 17 | 25 | 33 |
| 音乐智能 | 2 | 10 | 18 | 26 | 34 |
| 身体运动智能 | 3 | 11 | 19 | 27 | 35 |
| 语言智能 | 4 | 12 | 20 | 28 | 36 |
| 数学逻辑智能 | 5 | 13 | 21 | 29 | 37 |
| 人际交往智能 | 6 | 14 | 22 | 30 | 38 |
| 自我认识智能 | 7 | 15 | 23 | 31 | 39 |
| 自然观察智能 | 8 | 16 | 24 | 32 | 40 |

倘若孩子的表现对应表中某项智能有关的五个问题上都是"√",那么他就可能具有该项智能优势。

我们作为家长,不仅需要细心发现孩子的天赋智能,而且还需要有足够的耐心陪伴和引导孩子,这样才能最大限度地发挥孩子的潜能。

## 第3章
# 让孩子在自己强项的基础上发展

哈佛大学教授霍华德·加德纳博士指出，人类所有个体都至少拥有八种相对独立的智能。虽然这些智能在人出生时就已经存在了，但每种智能都需要被唤醒。智能的来源一个是"自然"，也就是从父母那里遗传得到的东西；另一个是"营养"，即各种生活经验和行事态度会对我们的发展产生的影响。加德纳博士把多元智能理论运用到幼儿早期教育，选取23名4岁儿童进行实验。实验表明，每名幼儿被试都有自己的强项和弱项，那些被识别出来的强项能否得到进一步开发取决于家庭对于这种能力的价值判断，以及孩子因此在同伴中是否获得声望、孩子的兴趣和自己的强项之间是否吻合。

这些不同的智能，在孩子身上都不同程度地存在着，但并不意味着这些智能都得到了有效的开发和运用。因此，孩子将来能够长成什么样的人，很大程度上取决于他的多元智能得到了怎样的合理开发和科学引导。所以，作为孩子的第一任老师的父母，为孩子制造有利条件，发展他的多元智能，实在是任重而道远。

# 天赋教育：因材施教，让孩子获得胜任感

## 特长培养：让孩子在自己的强项上强起来

传统的教育工作者把智能或"天才"等同于智力测验中的成绩，而这种测验实际上是以学生的语言能力和数学逻辑能力为中心的。多元智能的教育理念强调八大智能同等重要，而基于语言能力和数学逻辑能力为主的传统教育，只是多元智能其中的两项。

对此，加德纳博士建议对8~14岁的孩子进行一定程度的专门化训练，帮他们在某个领域掌握至少一般程度的技能（如艺术、运动或某个学科）。这个思路是，帮助孩子在儿童期充分接触多个领域；在少年早期缩小注意范围，为职业发展做准备。这个具体领域的选择有赖于孩子和父母通过各种途径收集证据和建议。加德纳认为，14~20岁青少年应该重视文理综合教育，但他更希望学生精通一个艺术领域（如音乐、舞蹈、喜剧），今后举一反三，而非了解多个艺术领域的皮毛。

我们相信，只要给孩子提供有利的环境，他们就有可能表现出先前未被发现的智能强项和天赋。一旦确认了孩子的强项领域后，父母应提供必要的帮助来加强和培育这些强项。家长也要经常与教师交流和分享有关孩子强项领域的信息，并鼓励老师给予孩子积极的强化和培养。当然，需要指出的是，0~6岁多元智能的教育，重

点是运动智能（精细动作和大动作）、语言智能和人际交往智能的培养发展。

培养孩子的智能强项需进行三位一体的教育。

### 在家里

幼儿期是孩子各项能力的发展关键期比较集中的阶段，父母要注重家庭的开发和引导。

作为父母，你的职责之一就是激发孩子的每种智能，并促进其转变为自身的能力。多元智能的发展只能通过全面的教育途径来实现，因此父母要营造孩子可以自由探索、学习的环境。

首先，你了解孩子的天赋是什么？让孩子们可以尝试不同的活动，寻找自己的真正兴趣和特长，他一学就比别人更快、一做就能做好的天生优势就可能发展成其未来的职业。

其次，要尊重孩子的天赋。父母的肯定认可和赞美，促进跟孩子之间感情亲密的交流、亲子关系的改善，让孩子自信、坚强、懂事、学会自我提升，学习能力也会增强。

最后，要明白同样都是学习，为什么结果却不同的道理。作为家长，我们既要关注孩子与生俱来的天赋，更要给予孩子培养天赋的成长环境。条件允许的话，我们可以在家中的客厅设置八个智能活动区。

- 空间智能区：放置一块白板，让孩子用彩色的笔自由地涂涂画画，感受色彩和线条的美。以黏土制作雕塑或叠纸，这能让孩子探索三维空间的形状、纹理以及比例。准备一套积木，孩子可以用积木搭建出房子、轮船、汽车等很多立体的图形，培养孩子的空间思维能力。

- 音乐智能区：放置一件孩子喜欢的乐器，孩子可以经常触碰到，弹一弹。准备一个 AI 音响，让孩子选择他喜欢的歌曲听一听，父母和孩子一起唱一唱。

- 身体运动智能区：设置一个儿童篮球架，孩子就可以玩投篮活动了。准备一些废旧纸，玩撕纸游戏练习孩子五指分化，锻炼孩子手部精细动作。

- 语言智能区：放置一个书架，给孩子提供一些可以激发阅读兴趣的书，比如有漂亮插图的绘本、漫画，让孩子有书可读。准备一个小小的麦克风，时不时开"家庭故事会"，一家人看看谁的演说最精彩。

- 数学逻辑智能区：放置一个传统的大算盘，我们可以和孩子比一比看谁算得快。准备一些空白贴纸，记录孩子的"十万个为什么"，比如"为什么铅笔会掉到地上""闪电和雷电之间有什么关系""为什么要给植物浇水，植物才能生长"，这些日常生活中的发现和探索，都有助于孩子逻辑能力和推理能力的发展。

- 人际交往智能区：父母有时间多抚摸、多拥抱孩子，多和孩子聊天。这种互动会让孩子理解父母对他们的爱，可以促进双方对彼此的依恋，增加亲子之间的亲密感。多和孩子玩家庭游戏，比如打牌、下棋等，这些需要共同参与的游戏，都是孩子学习社交的理想机会。
- 自我认识智能区：放置一把小椅子，当孩子犯错误了或者情绪冲动时，让他坐下来静一静、想一想。准备一个展示牌，记录下孩子的成长和进步，让孩子学会自知和自省。
- 自然观察智能区：放置一个鱼缸，让孩子饲养几条热带鱼，探索鱼的生活习性，使孩子学会照顾、保护小生命。准备几个花盆，买一些孩子喜欢的植物种子，让孩子学会种植和培育，观察生长，静待花开。

多元智能区域的打造，能够满足孩子独特的智能发展需求和愿望，挖掘其在多元智能的发展潜力。当然，家里只是一个小小的实验场，有机会让孩子去参与更多的社会活动。

### 在学校

小学阶段是发展和培养孩子智能强项的重要阶段。在小学，让孩子根据自身的兴趣爱好和特长，自主选择参加学校第二课堂的社团活动。每天下午，由专业老师提供多门的兴趣课，供学生们选择学习。

### 在社区

参加青少年宫、博物馆和社区开办的特长培训，是学校教育很好的补充。

## 一万小时定律：十年磨一剑

宋仁宗明道年间，号称"第一神童"的方仲永出生在一个普通的百姓家庭，五岁时指物作诗立就，自幼表现出对文学的独特天赋。他的父亲认为这是一条生财的方法，便带着他到处"走穴捞金"，最终耽误了他的学业。

这是1000多年前北宋时期思想家王安石所写的故事。这个故事说明，一个孩子即使先天条件再优越，如果没有后天的教育培养，一样会沦落为平庸之辈。

天赋＋努力＝成功，是一个十分简单的公式，可它却告诉了我们成功的基本条件。

我们可能都听过一个观点叫"一万小时定律"。这个定律说，要成为一个领域的专家，我们至少需要付出10 000个小时的努力。

如果按每天工作八个小时、一周工作五天计算,那么成为一个领域的专家,至少需要五年。哪怕是那些被看作天才的人,也逃不过这个定律。

在音乐领域,莫扎特是公认的神童,据说他四岁就开始学习钢琴作曲,六岁随父亲到世界各地演出。在他短短的35年人生里,一共创作了将近600部作品,其中有相当一部分都成了后世经典。但是,有人仔细研究了莫扎特的生平,发现所谓的"神童"其实并不是天赋异禀,而是经过了大量刻苦的训练。早在莫扎特四岁的时候,他父亲就已经全职教他学习音乐了,每天训练的强度非常大。在他六岁生日以前,他已经练习了3000多个小时。所以,我们看到的天才背后,其实是辛苦汗水的付出。

## 扬长促短:有自信,知不足

### 发现特长以增强孩子的自信心

当孩子找到他所擅长的领域时,他会乐于探索,慢慢地建立良好的自我感觉,更好地自我指导,形成良好的行为习惯,更愿意参加活动,成功的体验会让他有信心挑战一个难度更大的领域。孩子能够在广泛的学习体验中充分地发展自己的潜能和兴趣,特别是发现自己被传统评估工具所忽略的强项,从而获得成功感、积极的自我认同感和对学习的积极情感。

北京昌平区三中的一名学生，表面上看起来语言智能很差，甚至不能背诵一首只有20个汉字的唐诗。但他的老师却看到了他在身体运动智能方面的优势，他让这名学生在课堂上扮演一出戏剧中的一名英雄角色。这让该学生树立了自信心，他大胆尝试需要使用语言智能的其他学习和工作任务，并且取得了很大的进步。最后，他终于能够背诵一篇1000多字的散文了。

### 运用强项智能带动弱项

加德纳博士认为：各项智能不是孤立存在的，个体完成一项任务必须同时综合运用多种智能。帮助儿童利用其智能强项带动他整个学业学习。

例如，如果有个孩子喜欢交朋友，喜欢跟大家聊天、游戏，就可以运用他的人际交往智能强项来带动其他各个智能领域的学习。他可能对阅读不是特别有兴趣，但是让他和其他的小朋友一起看绘本、根据故事情节一起做角色扮演，他就不排斥了。他有可能不喜欢数数，但是让他和其他小朋友一起玩数字游戏，他就会兴致勃勃了。

人际交往智能高的孩子喜欢与人互动，只要是合作学习的场合，几乎所有的活动他都愿意做。他会试着运用强项智能领域，来发展弱项智能领域。

## 全面发展：完善自己，接纳自身不完美

"双减"之后，可以有"双增"。孩子可以增加生活实践和自然实践，在生活和大自然的实践中展示和提高孩子的多元智能，促进孩子的全面发展。

需要说明的是：对孩子的智能强项的评测不应作为一个给孩子贴上标签的工具，也不应由此过早地将儿童引入过窄的教育途径，它旨在扩展而不是束缚或限制孩子的机会和选择范围。

### 空间智能：我会画，空间感强

#### 多观察

父母可以有意识地让孩子观察各种不同的建筑，通过观察培养孩子在色彩、线条、形状、空间方位等各方面的能力，引导孩子享受观察各种细节的乐趣，并建议孩子把它们画下来，或者用手机拍照和摄影，回家后也可以用他最喜欢的积木搭出这些形状。

### 生活实践

让孩子自己选择第二天要穿的衣服，自己选择款式、颜色搭配，这样的活动可以增加孩子对色彩的敏感性，让孩子感觉到生活中的美，提高孩子的审美能力。孩子应该有一个区域、一个房间、一张桌子或者墙上的一块地方，他们可以按照自己的喜好装饰。有了这样的空间之后，孩子也需要整理自己的空间，比如整理搭建玩具，或者把正在摆的乐高拆掉，放进收纳整理的空间。

在家中建立"艺术才能角"，放置一块白板作为张贴空间，目的是展示孩子的作品，鼓励孩子进行探索和学习。给他准备一些工具，比如颜料、画笔、画图纸、剪刀、胶水，还应当有画架。让孩子用彩色的笔自由地涂涂画画，感受色彩和线条的美。以黏土制作雕塑或叠纸，这能让孩子探索三维空间的形状、纹理以及比例。准备一套积木，孩子可以用积木搭建出房子、轮船、汽车等很多立体的图形，培养孩子的空间思维能力。

家长也可以带着孩子，通过各种旅游、探险来培养他对空间的感知。

### 参观艺术展

孩子学绘画一定要当画家吗？当然不一定。画画是为了多一种自我表达的方式，不学画也可以欣赏画。带孩子进美术馆，我们千万别小看孩子，觉得他们看不懂艺术大师的画。其实从学美术的角度来看，孩子是天生的大师、艺术家，也许压根不用大人讲解，他们就能找到和大师对话的"接口"。在参观展览的时候，试着让脚步慢下来，让孩子带你去发现新奇的事物。

### 参加艺术班

孩子在幼儿时期，很多父母或许有这样的经验：刚买来几天的图书已经被孩子的随手涂鸦弄得面目全非了。这时，我们会不会因此而责怪孩子，甚至大发雷霆？由于空间智能强的孩子往往喜欢绘画，习惯将文字转换成图画呈现。所以当孩子有这种表达的方式时，我们应该给他一个专用的画本，引导孩子随手涂鸦，耐心地培养孩子的兴趣。

上小学时，孩子想学习什么呢？绘画还是雕塑？如何拍摄、制作照片？如何制作各种手工工艺？父母可以找到相关培训课程的信息，给孩子选择报各种特长班。

## 音乐智能：我会弹琴唱歌

### 听音乐

学习音乐的前提，要先学会欣赏音乐。在家里，给孩子准备一台 AI 智能音箱，经常播放音乐给孩子听。当然，播放的音量不要太高，只要我们刚刚能听到就行，因为儿童对声音的刺激还是比较敏感的，接触比较大的音量容易造成听力损伤。

每天，让孩子选择他喜欢的歌曲听一听，父母和孩子一起唱一唱。有时间，父母可以带着孩子一起参加音乐会。研究证实，听音乐可以调节情绪，使孩子精神放松，从而增强记忆力，提高孩子的学习接受能力。学习音乐可以培养学生的毅力、注意力、想象力，可以提高学生智力特别是逻辑思维能力。

### 学一门乐器

演奏乐器好处多多，不仅能培育孩子的音乐素养，还能在一定程度上提高专注力、情绪管理力、理解力、抗挫折能力，建立自信。

因为演奏乐器不是机械的手指运动，需要用眼视谱，需要大脑把看到的谱子加以分析并支配手指，而后又要用耳去检验自己弹奏得是否正确。这需要大脑、小脑、视觉、听觉等多方面的配合，对于开发孩子的智力、锻炼孩子的身体协调性具有很大的作用。

加拿大多伦多大学就曾公开过研究成果：7 岁前学习乐器或唱歌的幼儿智商，比一般同龄小朋友高出 3 分左右，幼童时期学习音乐提升智能的效果较为显著。

## 身体运动智能：我手巧灵通

### 运动：运动是个宝，健身又健脑

运动是对孩子大脑最好的投资。我国台湾著名的脑科学家洪兰教授也曾说过，激活孩子大脑最好的方式，首先就是运动。因为运动的时候，人体大脑会自动分泌多巴胺、血清素和去甲肾上腺素，这些神经传导物质都跟学习与记忆有关。那些经常运动的孩子，学习效果会更好，记忆力、专注力等都比较强。所以说，运动才是最有效的"健脑药"。

人类最好的医生就是空气、阳光和运动，它治疗的不仅是身体，还有内心。运动是坏情绪的最好宣泄渠道，爱运动的孩子更乐观，抗压能力更强，内心也更强大。孩子离运动场越近，他离焦虑和抑郁就越远。因此，教育专家李玫瑾教授曾经提出一个观点，孩子12岁之前一定要充分运动。

美国科学家曾经用了35年的时间，对400名成年人进行了一系列的测试研究，最终得出一个结论：坚持锻炼的人，在智力和反应速度方面明显高于很少运动的同龄人。

很多欧美的学校特别愿意培养孩子的运动能力，孩子在12岁以前有一半的时间都是培养运动能力。心理学家研究发现，如果你的孩子体育成绩非常好，特别喜欢运动，他就很容易交朋友，也很容易成为大家崇拜、羡慕、团结的对象。

美国儿科协会建议，三至六岁的孩子根据体质和实际情况，每天运动二至三个小时。六岁以上的少年儿童，每天至少要进行一个小时以上中等强度的体能活动。

哈佛大学的研究发现，婴儿从五个月起，就感受到爸爸妈妈的爱不一样。当爸爸抱他的时候，他已经开始惊奇于爸爸的伟力，因为爸爸把他举得高，让他四肢伸展。所以，父亲是孩子最好的教练。

天津姑娘李红是国际奥委会驻我国的首席代表，她之所以如此杰出，就因为七岁开始随父亲跑步，一直跑到高中毕业。天天跑步，养成了非常好的运动习惯，效率很高、学习很好。高中毕业后考上了清华大学，每天下午四点在清华大学操场上跑10 000米，是清华校队的主力。后来到哈佛大学读书，她依然保持着每天跑步的习惯。国际奥委会总部在瑞士，到处找一个驻中国的首席代表，但都找不到合适的，因为要求很高。这个职位要求中英文都要好、熟知中国和欧美文化、懂工商管理、是体育行家。后来有人推荐了李红，她也做得很出色。一个最简单的运动习惯成就了她一生。一次，她回答记者提问时幽默地说，自己是从小跑着进入国际奥委会的。

### 玩具和手工

德国幼教之父、幼儿园发明者弗里德里希·福禄贝尔（Friedrich Fröbel）认为，儿童的生活就是游戏，游戏就是最理想的教育，并由此开发出了积木玩具。让孩子可以随心所欲地进行自主创意搭建，全面激发大脑潜能，用具象表达抽象，用实物探索空间，以游戏的方式去理解世界、触摸自然。

需要指出的是，玩具要简单而有序，避免过多过杂。医学专家认为，给孩子买玩具，数量不宜太多。这样，孩子对玩具的注意力就会集中，大脑皮层中的相关神经联结和活跃程度亦会强烈持久，有利于孩子脑部功能的正常发育。玩具并不是"多多益善"，数量多反而不利于孩子的智力开发与成长。

一开始可以让孩子玩一些简单的积木，随后可以让他玩乐高等搭建类玩具。这些玩具既便宜，又不会限制孩子的想象力。

还可让孩子学习一项手工活，比如编织、串珠、十字绣、打绳结、制作模型。在大人的指导下，孩子还可以学习木雕、剪纸、烹饪等。

### 做家务

孩子动手能力差，是父母包办替代得多。而孩子手部操作的灵活程度，代表大脑的神经发展程度。让孩子做力所能及的家务活，如擦桌子、洗碗、洗衣服、扫地、拖地等都是很好的锻炼方式。

从孩子学会走路开始，就让孩子学会丢个垃圾，递个拖鞋，拿个东西，孩子越干越有担当，越干越有能力。会做家务的孩子，家庭感更强，更有同理心，在生活中也更加体谅父母。

凡是孩子能做的事，父母千万别插手，都让孩子自己做，家里无论大小的事都要让孩子多参与。因为家长做得越多，孩子成长得越慢；孩子干得越多，将来才会学会独立思考，才能成长得越快。凡是孩子暂时做不到的，鼓励孩子一点一点做。

## 语言智能：我能说会写

### 做好"陪伴教育"，培养孩子倾听的能力

经常听到有家长问："我们家孩子不爱看书，怎么办？"我想最好的办法就是妈妈读故事给他听，并且把孩子抱在怀里。因为妈妈的怀里最温暖，在孩子不识字的时候，让他"用耳朵阅读"。

阅读是让孩子有丰富精神生活的重要源泉。阅读能力的培养、阅读兴趣的培养、阅读习惯的培养是从家庭开始的，阅读的种子是在家庭里面播种下来的。美国著名的阅读研究和推广专家吉姆·崔利斯（Jim Trelease）在其所著的《朗读手册》里引入一首诗："你或许拥有无限的财富、一箱箱的珠宝与一柜柜的黄金，但是你永远

不会比我富有，我有一位读书给我听的妈妈。"诗人绿原也在《小时候》这首诗里写道：

小时候，

我不认识字，

妈妈就是图书馆。

我读着妈妈……

### "3000万词汇倡议"：不让孩子"输在起跑线"上

你相信吗？这个世界上没有那么多天生聪颖的孩子，更多的聪慧源自其善于沟通的父母。生活在贫困家庭的孩子由于缺少与父母的沟通，在四岁前比生活在中产阶级家庭的孩子少听了3000万词汇。是的，你没有看错，就是3000万个！

如此大的差距从何而来？

美国芝加哥大学妇科及儿科教授、芝加哥大学医学院"3000万词汇"倡议机构的创始人达娜·萨斯金德（Dana Suskind）博士和她的团队研究发现：

- 在贫困家庭，孩子每小时听到的单词数是616个；
- 在工薪阶层家庭，孩子每小时听到的单词数是1251个；
- 在高知、高收入的家庭，孩子每小时听到的单词是2153个。

这样累积下来，在孩子四岁前，高知、高收入家庭和贫困家庭的孩子之间就已经积累了高达 3200 万的词汇学习差异。在此基础上，低收入家庭孩子掌握的词汇量只有高知家庭孩子的 1/2。

美国很多研究儿童发展的心理学家已经指出，社会所谓的学前教育期，在时间上实际已经晚了。真正的教育，从孩子刚出生的第一天就开始了，学校并不是教育的起点。从某种程度上来说，孩子在学校的表现，是父母对孩子早期教育的一种检验。

越贵的并不一定是越好的。神经科学专家告诉我们，最好的教育是免费的，它就存在于父母的每一个词、每一句话、每一次交谈和互动里。希望每一位父母都能够用自己的教育开启孩子无限的潜能和幸福的人生。

美国夏威夷大学教育学博士贾琼老师，培养儿子东东考进了哈佛大学。她在早期养育中提倡情景教学法，运用家里的实物带着儿子东东学习词汇，主要训练孩子把读音和实物进行联结。方法是妈妈站在东东的正前方，发音时用手指着实物（最好选择颜色鲜艳和形状醒目的实物）反复多次。而且，贾琼老师会注意在东东情绪良好的状态下进行这项训练。每天教给他两到三个词语，然后反复地复习并检查。

此外，带孩子学习时，贾琼老师十分注意保持东东的兴奋和快乐，还会加入一些幽默滑稽甚至"疯癫"的游戏活动，以便达到吸引东东注意力和兴趣的目的，确保东东在开心中不经意间完成学习。两个多月的东东就能够通过他的转头和目光，准确地把妈妈所读的单词与实物联系。比如，当贾琼老师说"电灯"时，他就会抬头看顶灯；说"花扇"时，贾琼老师故意让东东背对着墙壁上挂的装饰扇，但他会使劲转过身去找扇子；当贾琼老师说"电扇"，他就会看电扇，还会把嘴噘起发出"呼呼"吹风的声音，进一步表明他知道这个词。

为了让东东感受外面的世界，刺激大脑的发育，贾琼老师经常带他上街走走看看，一边走一边给东东介绍。东东不到一岁就能进行简单的对话交流了，一岁半能非常顺利地不间断地交流，还能背诵几十首唐诗和儿歌。

美国的早期教育先驱暨"哈佛学前项目"总负责人伯顿·L.怀特（Burton L.White）博士在20世纪70年代的研究成果《从出生到三岁》论著中提到，从宝宝刚出生就开始和他"说话"，绝对是个好主意，尽管这对你来说感觉并不非常自然。

从孩子生下来，爸爸妈妈就要开始重视语言的培养。宝贝虽然不会说，但是他能听，听多了可能以后就说得好，我们任何的发展都需要有刺激，所以要想让孩子的语言有更好的发展，父母要注意和孩子多说话。

孩子的成才之路
写给父母的教育心理学

**听妈妈讲故事，孩子来复述**

一个促进婴儿认知发展的重要方法，是父母读书给婴儿听。或许他们并不理解你所说词语的含义，但是他们会对你说话的声调和活动提供的亲密感做出回应。父母和孩子一起阅读会促进其日后的读写能力，而且这是培养终生阅读习惯的开端。美国儿科学会建议，从婴儿六个月大开始，父母每天读书给孩子听。家庭教育专家刘称莲认为，对女儿最早期的读书应该叫"听书"，并讲过这样一件事：

三岁时，我们从老家把女儿接到北京，从那时开始，每天晚上我都会给她讲故事。刚开始，每次拿回家一本书，她都要一口气听完才罢休。总是一个故事讲完了，她会用小手翻到第二个故事，让我接着讲。这样，晚上听故事会听到很晚才睡觉。后来，为了保证我们母女的睡眠，我就跟她讲条件："长的故事每天晚上只能讲一个，短故事每天晚上讲两个，头天晚上要是讲三个的话，第二天就不能再听了。"女儿为了每天都能听到妈妈讲故事，只好妥协了。因此，女儿上幼儿园的那三年，每天晚上都是听着我讲故事的声音入睡的。这三年，也被我家戏称为"一千零一夜"。

在培养女儿的阅读习惯上，比尔·盖茨也是花尽心思。比尔·盖茨夫妇除了从小会给女儿阅读睡前故事之外，平时生活中也以身作则，书不离手。

父母读书给孩子听时，彼此要有互动。小孩爱问为什么，那父母就和他一起来探究为什么。等孩子听完妈妈讲的故事后，可以让他复述这个故事。通常，孩子在复述故事的过程中能够表达出自己独特的情感，说出不同的见解。所以说，复述故事是锻炼孩子语言表达能力、记忆力、逻辑思维、表演能力的好方法。

**生活就是舞台，让孩子说我们听**

孩子在一岁前，都是我们说孩子听。随着宝宝语言的发展，我们要学会让孩子成为主角，他说我们听。如果孩子还小，可以让他看图说话，讲故事给爸妈听。家长在倾听的时候，眼睛注视着孩子，同时给孩子点赞鼓励，积极和孩子互动。

在家里，可以准备一个小小的麦克风，固定一个讲故事的时间。让孩子讲述他喜欢的任何故事，如自己编造的故事、他读过的书中所喜欢的一段或者是家里的事情。同时，还可以对他们提出一些问题，进行积极的讨论，锻炼孩子的口语能力。

对于上了学的孩子，家长可以鼓励他们参加学校的辩论队或者戏剧社团的演出。辩论或者演出不仅能锻炼孩子的说话能力，还有利于提高逻辑思维和研究才能，这也是学习其他主题内容的好机会，因为他参加的活动可能涉及自然科学、社会科学等领域的知识。

### 让孩子爱上阅读

有一次,我看到一本关于犹太人家教智慧的书。据说在犹太人的家庭里,当他们的孩子刚刚懂事的时候,孩子的母亲会将蜂蜜滴在书本上,让孩子去尝尝书上的那一滴蜂蜜的味道。从第一感官和直觉上,让孩子懂得蜂蜜是甜的,书本也是甜的,使人从小就像爱吃蜂蜜一样爱啃书本,在幼小的心灵上打下热爱读书和学习的烙印。

在我女儿月月两岁多的时候,起初我把蜂蜜滴在书上让她舔食,后来我把女儿爱吃的小糖果和巧克力豆藏在书里,让她来找。看着女儿半天也没有发现,我就故意把书翻到有糖果的那一页,当月月发现糖果的那一刻,还傻乎乎地愣着,于是我对女儿说:"月月,书里还有糖呢,快尝尝甜不甜?"月月歪着小脑袋看着我,眼里闪烁着一丝亮光。一块小糖果和巧克力豆就像是一颗小种子,深深种在女儿月月的心里,从此在她心中不断地生根发芽!

三至六岁的孩子,要多阅读、多背诵经典

《三字经》《笠翁对韵》《给孩子的古诗词》《格林童话》《讲给孩子的中国文学经典》等国内外经典儿童图书都适合三至六岁的孩子阅读。

我们以《笠翁对韵》为例,它是明末清初的传奇文学大师李渔倾注心血为后辈子孙编写的一部诗词启蒙书。问世300多年，代代传颂，被誉为"孩子必读的人文科普启蒙书"。全书按韵分类，由浅入深，朗朗上口，宛如歌谣。一两岁能听懂，三四岁能背诵，七八岁能运用，一生受益无穷。孩子们通过对韵游戏，就能快速认知天文、地理、花木、鸟兽、人物、典故，感受汉语之美，不知不觉掌握对仗押韵，学会遣词造句，奠定一生的国学根基。

国学大师曾仕强曾指出，父母应该让小孩子在记忆力最强的时候多背一些书，将来可以出口成章。因为我们的脑子是资料库，你记不住，它就空空如也，什么都没有。像我们现在能讲出一些东西来，就是我们从小背的东西很多，那时候不理解有什么关系，会背就好了。等到你会理解的时候，你的记忆力就变差了，很难记住那么多东西了。

诗词大家叶嘉莹先生也曾说："小的时候读书，其实我们主要是背诵。过去的老师就叫你背，不跟你讲。到现在说起来觉得怎么不讲，就叫小孩背呢？其实按照人的发育来说，小的时候是记忆力很好。所以，如果小时候你就背诵了很多诗，等你长大了，你慢慢地就能领会其中的道理。比如我第一本开门的书就是《论语》，'学而时习之'这一句还容易懂。中间有一句是'朝闻道，夕死可矣'，说你早晨懂得了一个为人之道的道，你就是晚上死了都没有白活这一辈子。当时老师不开讲，老师只是叫你背，所以我连问都没敢问,什么叫'朝闻道夕死可矣'?可是当我年岁慢慢渐长的时候,我就明白了其中的意思。"

为孩子打造书香门第,让孩子有书可读

你的家里有多少本书?50本、100本,还是500本?

最近有一项研究,让我们对家庭藏书这件事有了新的认知。有一个跨越国际的研究团队,他们花了20年时间收集了27个国家、73 249个家庭的数据,最后发现最直接影响孩子教育水平的不是家庭收入、父母的文化程度,也不是父母的职业地位,而是家里书的数量。是不是让大家特别震惊?不仅如此,研究还特别提到,在这27个国家里面,我国特别突出,在我国拥有500本以上图书的家庭,孩子受教育的年限比平均值延长了6.6年。这一研究表明,在一个藏书汗牛充栋的家庭中成长,对青少年将来的读写能力有着深远的影响。青少年阅读书籍是个人社会实践的重要组成部分,能帮助他们培养长期的认知能力。从读写能力到计算能力,甚至是信息和通信技术能力,都能在阅读中有所增益。研究报告进一步说明,让青少年沉浸在家庭图书馆里,能在成人阶段培养他们在各个领域的能力,超越家庭教育、自身教育和职业成就所带来的好处。

反观那些家中几乎看不到一本书的青少年,研究发现,他们的读写和算术能力低于平均水平。如果一个青少年家中的藏书量大约为80本,上述能力就会得到提升,高于平均水平。而一旦家庭图书馆的体量达到了350本,"书籍数量和读写能力的正相关联系就不甚明显了。"

我国著名教育家、新教育实验发起人朱永新教授曾说:"人来到世上是为了看风景,一种是自然的风景,另一种是精神的风景。自然的风景是我们通过行万里路来获得的,而精神的风景则是我们通过读万卷书来感受到的。腿不能到达的地方,眼睛可以到达。我们一生能去的地方是很有限的,但通过阅读能去无数个地方。精神的风景是没有边界的,人生真正的财富是精神的财富。"

阅读能够为孩子打开巨大的和前所未知的世界——你读过的书造就了今天的你。

语文学习兴趣要从小培养,兴趣是最好的老师,这不是一句套话。著有教育名著《爱弥儿》的法国思想家卢梭曾说过:"要启发儿童的学习兴趣,当这种兴趣已经很成熟的时候,再教给他们学习的方法。"孩子接受正规学校教育前有六年时间,要培养孩子的语文学习兴趣,父母可以从一岁左右开始选择优质绘本来进行亲子共读。

**鼓励孩子写日记**

可以让孩子随身携带一个小笔记本,以便记下浮现于脑海中的各种想法。

养成写日记的习惯，每天感兴趣的任何事情都可以写进日记，写下在学校做了什么、正在读的书、世界上发生的新闻或其他任何感兴趣的事件。

也可以像作家那样写日志，利用这些日志来记录自己写的诗歌、故事或剧本，甚至可以添加一些他阅读到的或者无意中听到的片段、引用或对话。

当孩子还不会自己写字的时候，父母可以充当代笔者：孩子说作文，爸妈来书写。等孩子上学后，有好的文章分享时，父母可以充当朗读者，这样都可以引起孩子对语言的兴趣。

## 数学逻辑智能：我会算，有逻辑

数学是人类描述宇宙的语言，是打开科学大门的钥匙。

如果孩子在学习数学上有什么困惑的话，主要是他不知道数学和生活有什么关系。父母要将数学和生活结合起来，在生活中启发孩子的数学思维，才是最快、最优的学习引导方法。

中国科学院儿童教育心理学专家张梅玲教授研究了近50年的数学思维，她始终认为，培养孩子的数学能力需要在其幼儿阶段给予数学思维的启蒙，而这也是当下幼儿阶段的孩子所缺少的。张梅玲教授在其所著的《让孩子受益一生的数学思维训练》一书中有这样的表述：智力的核心是思维，数学是思维的体操。数学思维，就是数理逻辑化地思考问题和解决问题的一种思维活动形式。数学思维能力强的人，可以加强逻辑推理性，并培养独立思考的能力。三至六岁是儿童思维形成的关键期。因此，对于这个年龄阶段的儿童应采用适合他们的内容和方法进行数学思维的启蒙教育，为其成功的人生打下坚实的基础。

下面所提的，主要是父母和孩子在相互作用和活动中，可以发展孩子数学逻辑智能的建议。

- 数一数：三岁是计算能力发展的关键期。这个时期，幼儿已经掌握口头数数、点数、按数取物，父母可以利用生活中的许多场景教孩子数数练习。例如，在超市购物时，可以让孩子数数买了几件东西；走楼梯时，可以和孩子一起数台阶；在家里，可以和孩子一起玩串珠子的游戏，一边数一边串。
- 算一算：父母可以利用生活中聚会和买菜的机会，和孩子做一些算数游戏和数学思维启蒙，让孩子感到他能学得好并产生信心。例如，大约三岁的孩子就有分解合成的概念，孩子过生日时，可以让他数人数，然后将一个大蛋糕切成差不多同等量的几块小蛋糕。也可以用数手指头的方式教孩子理解有关"量的分解合成"概念，譬如 5 根手指头加 5 根手指头，共有 10 根手指头。生活中，父母还可以经常请孩子帮忙计算买东西花多少钱。

- 比一比：爸爸的手比宝宝的手大；苹果哪个大、哪个小；玩游戏时比比看谁的娃娃多；哪辆玩具车跑得最快；路上的车子哪种颜色最多，等等，都是很好的建立比较概念的方法。也可以让孩子一手拿水果、一手拿面包，让孩子用手当秤，看看哪样东西比较重。在厨房中，可以让孩子熟悉重量和体积的概念与单位。

- 找一找："找规律"是让孩子探索给定的图形或数字中简单的排列规律。可以用家里的一些玩具摆出一些规律，比如红色小汽车、黄色小汽车、红色小汽车、黄色小汽车、红色小汽车……问孩子下一个该摆什么了？还可以用不同形状的积木摆出简单的规律，如方块、三角、圆、方块、三角、圆、方块……接下来该摆什么形状呢？让孩子往后摆。这是让孩子找出实物间的规律。

- 玩一玩：父母在家里可以和孩子玩一些需要动用谋略和逻辑的游戏，如下棋、打牌。多玩那些游戏规则本身即具有逻辑性的益智游戏，如棋类、大富翁等，以促进孩子思考。也可以多玩七巧板、搭积木、走迷宫之类的游戏，以培养孩子对图形的认知能力。

- 问一问：准备一些空白贴纸，记录孩子的"十万个为什么"，比如"为什么铅笔会掉到地上""闪电和雷电之间有什么关系""为什么要给植物浇水,植物才能生长"。这些日常生活中的发现和探索,即通过查询百科全书、上网搜寻、询问父母或老师、自己设计实验来寻找答案,都有助于孩子的逻辑能力和推理能力的发展。

- 看一看:父母带孩子参观科学类的博物馆、天文馆等,通过交互式展览让孩子能探索各种科学或数学概念,了解数学和科学概念如何应用于日常生活之中。多阅读关于科学性、推理性、逻辑性的书籍与报刊,启发孩子对事件、故事、电影提出想法和批判性思维。

- 练一练:加入学校组织的数学兴趣社团、少儿编程与机器人小组,积累相关经验,做到学以致用。

## 人际交往智能:我善交往,理解他人

### 亲子时光

父母多与孩子一起看看书、听听音乐、跳跳舞。即便在成人眼里看来是普通的事情,在小朋友眼里也是愉快且有趣的。在亲子互动的过程中,我们会给小孩增强与人相处的自信心,给予他们与人社交的安全感。每一段愉快的亲子时光,对培养孩子与他人相处的能力都是一种正面的强化。孩子越是享受与父母在一起的时光,他就越看重人际关系,对未来的人际关系也就越抱有积极健康的期待。

我们和孩子的关系，是他来到这个世界上学习人际关系最初的样本。孩子人际关系的建立与"跟父母的亲近程度"有很大关系，父母越多拥抱、多抚触、多背背孩子，他的人际关系就越好。

科学家们最近几十年的研究发现，大脑是个社会有机体，是为关系而生的。所以，父母在帮助孩子锻炼大脑各方面能力的发展时，也别忘了帮助他们建立与其他人的联系。

### 学会交往

培养孩子的交往能力就是让孩子与人多接触，孩子会在交往中总结各种经验和方法，慢慢地形成自己的一套交往模式。

在儿童三岁前，父母就应该帮助他为以后的社交做准备。可以鼓励他与孩子们一起游戏，这样在面对陌生人的时候才不会感到害怕。缺乏社交准备的儿童会变得害羞和难为情，容易对他人产生敌意。一般来说，这种特质在受溺爱的儿童身上比较常见，他们总想"排挤"他人。如果父母可以早花时间避免和纠正这些问题，他们和孩子日后都可以省去很多麻烦。如果儿童在三至四岁之前得到良好的成长教育，父母积极训练孩子和别人玩耍，并培养他的集体意识，他不仅不会变得害羞和以自我为中心，以后也不会患上神经症或者变得精神错乱。

如何培养孩子的交友能力呢？

一是让孩子懂得分享。新东方教育集团创始人俞敏洪曾经分享过自己小时候的一则交朋友的故事：

小时候的我并没有什么朋友，但是内心又很想交朋友。那时候恰好我家的一个阿姨在上海，每到过年就会给我带两斤水果糖回来。对于生活在农村的孩子，水果糖还是很珍贵的，但是我并没有自己吃独食，而是选择把水果糖分享给同村的小伙伴。小孩子都是无比单纯的，听说有水果糖吃，都愿意去找我玩，慢慢地俞敏洪通过这种分享的方式交到了很多朋友。

小小年纪的俞敏洪因为懂得分享而获得了友谊，这值得我们父母学习。教孩子懂得去分享自己的物品，可以很好地拉近同其他小朋友的距离，从而获得更多的交流。

二是让孩子学会欣赏他人。在社会生活中，每一个人都渴望得到别人的欣赏，同时，每一个人也应该学会欣赏别人。两者相比较，良性的人际交往中似乎后者更为重要。这是因为被人赏识是人性中最深切的渴望。因此，父母引导孩子交朋友的时候，要学会去欣赏朋友，看到朋友身上的闪光点，不要一言不合就嘲笑别人的不足。

三是鼓励孩子积极沟通。随着孩子的成长，我们发现大部分孩子都喜欢和同龄的小伙伴一起玩，这个过程难免会出现一些磕磕碰碰。这时候，父母不要急于帮助孩子去解决问题，而是应该学着鼓励孩子自己去沟通。在这个过程中，孩子不仅会收获友情，还可以很好地锻炼自己的人际交往能力。

下面是帮助孩子提高社交能力的一些活动：

- 让孩子学习与陌生人说话；
- 引导孩子购物；
- 鼓励孩子邀请朋友到家里来玩；
- 鼓励自己的孩子到朋友家去做客；
- 给孩子充分的自由；
- 带孩子到处走走；
- 教孩子使用礼貌用语；
- 纠正交往中的不当行为；
- 尊重孩子的交往个性。

## 自我认识智能：我了解自己

### 认识自己

父母经常问问孩子，或者孩子自己给自己提些问题：

- 你快乐吗？

- 你今天的心情怎么样?
- 你的长处和不足分别是什么?
- 你怎么做可以做得更好?
- 当下的目标是什么?
- 未来的目标是什么?

............

还有很多问题可以问自己,自我认识智能意味着孩子要进行很多的思考,这样一来,他们将拥有一个更为丰富多彩的内心世界。

## 自我反省

**帮助孩子学会用语言表达自己的情绪**

对于大多数孩子来说,他们不知道合理地表达情绪,这就需要父母和孩子多聊天,让他们说出自己的感受。研究表明,提升自省能力最基本的方法,就是父母和孩子多聊天。

**培养孩子"每天自省"的良好习惯**

父母可以引导孩子每天反省一下自己的行为,总结这一天的表现,哪些做得好,而哪些做得不对,需要改进。

**学会按下"暂停键",进行反省**

青春期的孩子容易情绪失控,孩子犯错了,父母不要急于发火，要懂得适时地按下"暂停键"。父母要给孩子一定的空间和时间来进行自我反省，也给自己一个缓和、冷静的机会。父母只有在冷静的状态下，才能从侧面引导孩子进行自我反省，明辨自己的过失在哪里。很多情况下，孩子往往也能在冷静下来或者一觉醒来时，就都明白过来了。

阅读，给孩子提供一些可以丰富他内心的问题和话题

可以阅读《儿童哲学智慧书》《通俗哲学》、中医启蒙类书籍，还有漫画家蔡志忠的国学漫画等读物，它们通常能够激发孩子进行哲学思考，培养他们的辩证思维能力。

孩子是天生的哲学家，他们的大脑中潜藏着丰富的思考能力。他们充满好奇，甚至经常提出令成年人难以回答的、富有哲学意味的问题，如"为什么人会说谎""我从哪儿来的""人类比动物高级吗"，等等。因此，让孩子保持提问精神对学习来说十分重要。

诺贝尔物理学奖得主、美国哥伦比亚大学教授伊西多·艾萨克·拉比（Isidor Isaac Rabi）在谈及他获得成功的原因时说，小时候放学回到家后，他的妈妈不是问"今天在学校学到了什么"，而是问"你今天问了什么问题"。教育孩子就是要做唤醒的工作，而不是强行地灌输知识。当孩子的求知欲望与生命的力量被唤醒之后，孩子就会自觉主动地去探索未知的世界，而这个探索的过程，也就是孩子自我唤醒心灵智慧的过程。

## 自主选择

**让孩子做出选择**

培养孩子的选择能力,不需要专门的训练,从日常的小事做起即可。

对于完全在孩子自己责任范围内,能够突出自我个性的事,父母应给予孩子充分的选择权和独立探索的空间。譬如问:"你今天想穿哪件衣服?"

而对于需要引导孩子做的事,父母可以给出开放式的选择,譬如问:"你想先收拾玩具,还是先去看书?"

在日常出去游玩时,父母可以让孩子选择想去哪里。父母经常让孩子做出选择,他们就能学会独立思考。

在不断的选择和取舍中,孩子才能认清自己真正的需要是什么、自己是什么样的人,才能找到生命的独特意义。

**鼓励孩子制定目标**

无论孩子处在哪一个阶段,父母都可以引导他们制定合理的目标。第一次制定目标需要成功的激励,父母可以引导孩子制定多个短期内可以看到效果的目标。比如:读一本书;每天练习钢琴15分钟;每周收拾自己的房间;学会骑车;学会下象棋;交一个新朋友。我们也可以引导孩子制定他们在一定时期里要达到的特定目标，或者制定他们需要通过努力才能达到的目标。如果孩子的目标太简单，即使实现了他们也不会觉得有成就感；如果目标太难，他们就会因为挫败感而灰心丧气。在每个学期末，父母和孩子可以一起评价一下他们实现目标的情况，然后再制定新的目标。

## 自然观察智能：我喜欢大自然

大自然是本无字宝书，孩子在大自然里观察一草一木、一虫一鸟甚至庄稼的生长过程，这些都是孩子宝贵的积累和感悟，而那些触动内心的自然美景，更会激发孩子的创造力以及内心的共鸣。

在"双减"政策下，孩子有更多时间走向户外。大自然是最好的教育，自然教育也因而迎来发展契机。

### 走近自然，发现自然

好奇是孩子的天性，一走出家门踏入自然，扑面而来的都是全新的事物，孩子会不由自主睁大眼睛好奇地打量周围的一切。总是问这问那，摸摸这个，捏捏那个，蚂蚁、蜗牛、蝴蝶……都使他们兴奋不已，不知疲倦、无所畏惧地观察着、体验着、探索着，全身的器官都被激活了，那么学习就开始了。

席慕蓉曾说，如果一个孩子在他的生活里没接触过大自然，譬如没有摸过树的皮、踩过干而脆的落叶，她就没办法教他美术。因为，他没第一手接触过美。玩，是天地之间学问的根本。我赞同席慕蓉的看法：上100堂美学的课，不如让孩子自己在大自然里行走一天；教100个小时的建筑设计，不如让学生去触摸几个古老的城市；讲100次文学写作的技巧，不如让他在市场里头弄脏自己的裤脚。

### 养鱼和养花：把大自然搬回家

在家里养鱼，尤其是养几条热带鱼（比如小小的孔雀鱼），对水的要求很高。俗话说，养鱼就是养水，比如水的温度、水的循环和给水加氧，再加上给鱼添加饲料，都要求孩子去用心体会，用眼去观察。此外，还需要查找相关资料，了解养鱼的常识，自己动脑总结方法。

在阳台准备几个花盆，买一些孩子喜欢的植物种子，让孩子学会种植和培育，观察生长，静待花开。

人是自然的一部分，所以人应该向自然学习，而不是处处要征服自然。要顺应自然，按照自然的法则去改造社会，按照自然的规律做人、做事。

### 自然教育有讲究

我们常常觉得，自然教育不就是把孩子放到大自然中去玩吗？

不全然是，高品质的自然教育应该是借助于自然的教育而不是为了自然的教育，是以人为中心的教育，人是主体。自然教育应该有以下三个层次。

第一个层次是了解是什么：我们要认识大自然，要知其然。

第二个层次是问为什么：为什么长颈鹿的脖子那么长，背后的原因是什么？还要知其所以然。

第三个层次是学什么：我们作为万物之灵，从大自然中能得到什么信息，得到什么启迪来成就我们。

过去的自然教育一般停留在"是什么"这个层次，这是远远不够的。

教育就是

交往
自然　空间
自知　数学　音乐
　　　语言　运动

让孩子在强项的基础上发展。

情感篇

# 唤醒孩子的潜能

## 相亲相爱，共同成长

家庭是孩子成长的第一环境，父母是孩子成长的第一责任人。只有在越来越和谐、温暖的家庭之中，孩子才会成长得越来越好。

出现在孩子身上的各种问题，大都与人际关系有关。孩子面临的第一人际关系就是家庭关系，家庭教育的首要任务是处理好家庭关系。父母尊重孩子的天性，是建立良好亲子关系的基础。在此基础上，进而去满足孩子心理发展的需要，同时激发孩子的内驱力，孩子就有了极大的自动自发成长的可能性。

拥有良好的家庭关系，才能拥有良好的教育过程。建立起良性的亲子关系，是教育子女真正成功的奥秘所在。

孩子的成长离不开家长的陪伴。在这个陪伴过程中，家长只有跟上时代节奏，不断学习，和孩子一起成长，才能拥有从生活各个方面发现、挖掘孩子优势的智慧眼光，进而以爱来陪伴孩子长大。如果能发现孩子身上的闪光点,父母不断激励他们,给予赞赏和肯定,那么往往可以激发出他们不可估量的潜力,让他们的未来充满无限的可能性。

爱因斯坦在晚年给孩子的信中写道:

如果我们想要自己的物种得以存活,如果我们发现了生命的意义,如果我们想拯救这个世界和每一个居住在世界上的生灵,爱是唯一的答案,也是宇宙间最大的能量。有一种无穷无尽的能量源,迄今为止科学都没有为它找到一个合理的解释。这是一种生命力,包含并统领所有其他的一切。而且在任何宇宙的运行现象之后,甚至还没有被我们定义,这种生命力叫作"爱"。

请信任你的孩子,不要替他们忧虑未来。如果你做了爸爸或者妈妈,就要爱他们,信任他们,引领他们。至于未来,交给他自己。时刻记得,孩子与父母之间最好的亲子关系就是:你在长大,我在成长。

我们知道家庭教育从来不只是对孩子的功课,也是父母的修行。爱是一种本能,但高质量的爱,需要永不停息地自我成长。若有一天,我们懂得了四两拨千斤,懂得了润物细无声,懂得了因势引导,懂得了共情与尊重,我们会发现,最好的教育就是父母的自我成长!

教育家洛克说过这样一句话:"每个人来到这个世界,就像一张白纸一样。而后,他生存的环境开始给他上色,他的环境是什么样的,他就会变成什么样的人。"在孩子的成长路上,父母的爱和陪伴影响他们的一生。我们要通过学习成长，把自己内心的真爱呈现出来。父母给孩子所需要的爱和关怀，建立良性的亲子关系，最终就会在教育子女上取得真正的成功。

真正的教育在于激发和唤醒孩子强大的内在潜能，一旦孩子的内在动机被点燃，父母就不用操心了，学习是自动自发的事情。因此，我们不要错过孩子的童年，亲情的联结是家庭教育的基础。人际联结是多么重要，人不能孤独地生活在这个世界上，人一定是跟他人之间产生了联结，才能够找到幸福感。

教育就是父母和孩子共同成长。

# 第 4 章
# 爱是最强大的力量

有人形容现在的家庭是：焦虑的母亲，缺席的父亲，无助的孩子。

大文豪列夫·托尔斯泰在《安娜·卡列尼娜》的开篇语非常震撼："幸福的家庭都是相似的，不幸的家庭各有各的不幸。"

什么是"家"？

英文"family"（家）的内涵是"father and mother I love you"。在一个家庭里，首先有夫妻，这就有了夫妻关系。然后这对夫妻有了孩子，成为父母，作为父母还会有跟孩子之间的亲子关系。孩子说我爱我的爸爸妈妈，爸爸妈妈也爱我，这就是一个家。所以我们从英文的单词"family"里面能够解读到家的内涵，即在一个家庭里，人和人之间的关系是非常和谐的、互相配合的、互相包容的，也是互相造就的。这正是我们理解的家。

在家庭里，夫妻关系是最基础的关系，良好的夫妻关系是父母给孩子最好的礼物。如果父母感情不和，孩子会自卑、恐惧，甚至会变得怯懦、胆小、暴躁或有暴力倾向。唯有处理好夫妻之间的关系，孩子才能感到身后的港湾是安全稳定的。

## 父母相亲相爱是对孩子最好的爱

有一位父亲去问美国著名的脑神经专家约翰·梅迪纳（John Medina）博士："怎样才能够让我的孩子考上哈佛大学？"博士的回答是"回家好好爱你的老婆"。最好的夫妻关系是"宠"和"崇"，即爸爸宠爱妈妈，妈妈崇拜爸爸。原生家庭在一定程度上影响着一个人性格的形成，因此一个完整、健康的家庭对于孩子来说是非常重要的。

爸爸爱妈妈，对妈妈关爱和欣赏，生活在感恩的世界。妈妈被宠爱，家庭会更幸福。被丈夫的爱包围的女人，她的心是柔软的、温柔的、安定的，会宽容对待身边的每一个人，会创造出一个愉悦温馨的家庭氛围。爸爸对妈妈关爱有加，也可以为儿女提供幸福婚姻的参照物，让孩子长大后的感情不走弯路。

妈妈爱爸爸，给予爸爸关心和尊重，接受不完美的世界。在生活中爸爸被尊重，孩子会更爱妈妈。妈妈要学会肯定对方的价值，生活中学会经常使用四句箴言：越来越好！爸爸也要努力让自己成为一个优秀的人，即对家庭责任的承担和付出。

所以说：女人需要宠爱，男人则需要尊重。经营家庭和婚姻的真谛便是爱与尊重。

## 父母爱孩子，有爱有规则，好的亲子关系胜过教育本身

儿童教育专家钱志亮曾说："亲子关系大于教育，父母若想教育好孩子，首先要把亲子关系建立好。"良好的亲子关系，是孩子获得爱和安全感的源泉。

亲子教养的核心在于父母和孩子之间的关系。如果把人比作植物，关系就是土壤。关系支持和滋养着孩子，让孩子得以健康地成长。

父母对子女的陪伴一定要是高质量的，哪怕一天只有几分钟，也要利用和孩子在一起的有限时间高质量陪伴孩子，倾听孩子说的每一句话，读懂他们的情绪，了解孩子的内心需要。和他们融入在一起，才能形成一种默契的亲子关系。

父母各自是一个点，两个人手拉手就连成了线，父母才是孩子的人生起跑线。父母也是孩子的引导者，是孩子的支持者，努力让孩子发挥自己的潜能，实现自己的梦想。

## 欣赏孩子的长处，接纳孩子的不足

每个人都有自己的优势，不必要求人生完美无缺。如果孩子学习成绩一般，那么他可能在体育、绘画或是音乐方面才华出众；假使你的孩子不太聪明，那么他可能拥有灵巧的双手或是非常好的想象力。上天对待每个人都是公平的，关键是你如何去发现孩子的美。

父母要学会用欣赏的眼光看待孩子：可能孩子的运动能力有点弱，但是孩子非常有创意能力；也许孩子相对内向，但是孩子的专注力非常好。家长首先要让自己做到放下评判，接纳孩子本来的样子，接受孩子的有限和不完美的本质，让孩子发自内心地认识到、真正感受到自己是优秀的，这是成就孩子自信性格的基础。

## 接纳孩子成长中的错误，给孩子重来的底气

家长要接纳孩子的感觉、认知、情绪、行为，但接纳孩子并不是认同孩子的一切，而是"和而不同"。

### 先关注孩子的心情，再关注事情

以疫情期间的事情为例，很多年纪小的孩子可能会吵着要出去玩，那么这个时候作为家长应该怎么办？首先，我们要用孩子能够

理解的方式解释为什么要待在家里,我们可以借助绘本、动画、新闻等,帮助孩子理解待在家里的原因,一定做到不吓唬、不威胁。其次,我们一定要先安抚孩子焦虑的情绪,用孩子喜欢玩的玩具和他一起玩情景剧,去吸引孩子的注意力。同时,家长要注意调整自己的情绪和对待疫情的看法和语言,因为这会潜移默化地影响孩子继而影响孩子的世界观。更重要的是要合理安排作息时间,让家庭生活更加丰富、更有意义。

### 接纳孩子成长中的错误

孩子在成长过程中犯错误是必然的,父母应该允许孩子犯错误。鼓励孩子有勇气尝试新事物,孩子犯了错误,父母不要过度打击孩子。当然,父母也应该教会孩子及时认错,并且改正错误。

作家莫言说过:"人不怕犯错误,犯了错误,如果能带着教育和反思爬起来,错误就会成为课堂。"孩子成长过程中的不足之处需要被家长接纳和理解,对孩子的要求要根据相关的能力合理地制定,允许孩子适当地犯些小错误。父母积极引导孩子在错误当中反省自身,并且鼓励孩子再次去尝试。这样,每一次的错误都可以是孩子成长的资源。

## 母爱似海，父爱如山

对孩子来说，母爱展示的是日常的温馨，父爱展示的是面向未来的勇气和追求。鲁迅先生曾经说过，母亲存在的意义，不是给予孩子舒适与富裕的生活，而是当你想到你的母亲时，内心会充满力量，会备感温暖，从而拥有克服困难的能力和勇气，因此获得人生真正的乐趣和自由。

世界卫生组织有研究证实，平均每天和爸爸相处两个小时，孩子的智商和情商都会更高。这是由于在家庭教育中，父亲所拥有的坚韧、大胆、果断、自信、豪爽、独立，都是母亲无法替代的。充分享受父亲教育陪伴的孩子，往往运动能力更强、更勇敢、更懂得尊重，也更自信，自然更容易成功。父亲能陪伴，孩子更优秀。

## 父母的自我成长是对孩子最大的爱

网上有很多父母辅导孩子作业的视频：这些视频中父母和孩子都很痛苦，父母觉得费劲，孩子觉得在父母面前总被斥责、被管教。正所谓：不学习母慈子孝，一学习鸡飞狗跳。

具有自我成长能力的父母，会和孩子建立终生美好的关系，这是对孩子最好的爱。父母在孩子未成年时能够和孩子建立健康亲密的亲子关系，在孩子成年后，依然成为孩子人生路上的守护者和支持者，具有自我成长力的父母也有能力照顾好自己的人生，让孩子可以放心地高飞。

德国教育家卡尔·雅斯贝尔斯（Karl Jaspers）认为"教育的本质是一个灵魂唤醒另一个灵魂"，这也是每个教育者最重要的使命。

父母的成长，需要提高以下三种能力。

- 学习的能力。父母不断地学习、提高认识事物的能力，能够接受新鲜的事物，也能够了解孩子的身心发展规律。具有发展性思维，以发展的眼光看待孩子的成长变化。
- 情绪管理的能力。作为父母，要学会情绪管理。回到家里房门一关，烦恼和忧愁也要抛在门外，不把坏情绪带到家里。更重要的是，我们在生活中遇到许许多多的父母，他们在单位或是老板或是教师，回到家里，角色很难转变。对待孩子或是领导式的批评，或是教育式的说教，这些都是造成亲子关系紧张的主要原因。不要忘了，在家里我们的身份是父母，一家人相互合作，又各有分工。父母所做的家庭教育就是接纳和引导，一起帮孩子找到天赋，让他们自动自发地沿着自己的理想之路前行。父母要学会共情，具有同理心，真正从心里理解孩子。面对问题时，要和孩子站到一起，让他们知道我们是一伙的，想办法解决问题，而不是说教和埋怨。
- 自我改变的能力。一个人的成长来自实践，但很多父母是回避式的。当家庭问题发生时，父母寄希望于他人或者环境改变，而不是自己的改变。但作为成熟的父母，往往会从自身找原因，通过自身认识的提高，自我改变来解决问题。

教育就是

关系好了，孩子才会越来越好。

# 第 5 章
# 快乐是孩子成长的动力

教育的本质是什么？

当年，米开朗琪罗做成雕塑《大卫》之后，所有人都感到震撼，他自己也觉得震撼。有人问米开朗琪罗："您是怎么创作出如此伟大的作品？"他没有轻易地回答，只说"让我想一想"。他想了半天之后，很慎重地回答："不是我创作出这么伟大的作品，是石头里本来就有个大卫，我只是把它释放出来。"这句话太精彩了，说出了教育的本质。

每个人身体里都有一个更好的自我，甚至是伟大的自我。每个孩子身体里都一定有一个这样的自我。教育的本质，其实就是作为家长和老师的我们帮助孩子释放出那个伟大的自我。

传统的教学和考试主要集中在语言和数学逻辑这两种智能上，而忽略了其他重要的智能，如音乐、运动、人际交往智能等，那些不同思维类型的儿童几乎没有机会展示他们的智能，在一定程度上限制了一部分孩子多元智能的形成，以及学习能力的提升。从本质上来讲，这是在压抑其他智能优势孩子的学习激情。

发现孩子的天赋，让孩子在自己的强项基础上发展，孩子就会有胜任感，并获得现实的自我价值感。孩子自信自爱，很好地建立"我和自己的关系"，更好地和父母建立情感联结。好好爱自己，才有力量爱别人，好的亲密关系都是爱己才能及人的。每个孩子在自己强项的基础上发展使他们产生自信心，他们才愿意去迎接挑战。让孩子先看见自己，才能看见未来。

19世纪英国著名教育学家赫伯特·斯宾塞说过："教育的目的其实就是让孩子过得幸福、快乐，那么在这个教育的过程中，也应该让孩子感到快乐。"

## 孩子在自己强项的基础上发展，学习才是快乐的

我们对孩子的天赋要有充分的了解，每个人的心智都有其自己的形式，必须按照这种特定的形式去引导他。对于我国大教育家孔子在2500多年前提出的教育理念，如"学而时习之，不亦乐乎""知之者不如好之者，好之者不如乐之者"其实我们并不陌生。在学习和生活中，让孩子找到兴趣，在其强项基础上发展，从而爱上学习，获得对学习的积极情感，而不是对刷手机和网络游戏上瘾。

著名教育专家孙云晓教授曾经讲过的自己的成长故事：

我 11 岁前没看过文学名著，文学基础很差，老父亲是进青岛务工的农民工，从来没想到过自己的孩子长大了会成为一名文化人。那是 1966 年，上高年级的哥哥把学校图书馆的书带回家看。我见哥哥看得那么开心，我也跟着看。《三国演义》《水浒传》《红岩》等名著就是那时看的，看得我大开眼界，被书迷住了，到处找书看，现在走再远的路都一定要带本书。

看多了就开始写，我 15 岁开始写日记，现在 60 多岁了还在坚持读书、写作，甚至有时看电视也会做笔记。我小时候口吃很严重，因为自己看了很多名著而别的小朋友没看过，我就讲故事给别人听，经常在同伴面前讲故事，就像开百人讲堂一样，不仅改掉了我口吃的毛病，而且完全改变了我，让我变得很自信、很有成就感，我感到很享受、很快乐。

我们知道，教育最有效的途径是以长取胜。在学校常常可以观察到：有的孩子很多科目都成绩平平，但有一项突出，父母就强调那个强项全力培养，孩子自信满满；但是，也有的孩子能歌善舞，写作画画都很优秀，但数学不好，父母却把他课后 80% 以上的精力花在补习数学上，结果是孩子不但数学成绩依旧平平，还对学习失去了信心。这些补差班只是进行额外的训练，布置额外的作业，而这些活动最容易让那些对学习已经失去兴趣的孩子厌烦，为此沮丧，缺乏学习的动力。但是，建立在他们自己兴趣和智能强项基础之上的学习、活动会给孩子带来很多乐趣，使他们的学习变得快乐起来。

比如说，父母让孩子一下子把所有的课程都学到全班第一名，这个任务本身就是不可能完成的。但有一点家长们可以试一试，你可以跟孩子探讨哪一门课他最喜欢。如果孩子说"我喜欢英语"，那就学英语。然后父母和孩子一起讨论，让孩子把更多的精力先花在这门课上，通过学习方法的调整和努力程度的变化，孩子能否让这门课进到全班前五名。这个做法有一个最大的好处是什么？是让孩子至少对自己产生一份自信，这个自信就是孩子觉得"我行"。尽管孩子的数学不行，或者语文不行，但是孩子的英语就是好！而且这个"我行"不是用课外培训找到的，而是让孩子通过自己的内驱力学习而达成的。

孩子最重要的是在自己强项的基础上发展，要让孩子自己觉得自己能干这个事，激发他们的胜任感，获得自我价值感。

现代积极心理学创始人之一马丁·塞利格曼（Martin Seligman）博士在《真实的幸福》一书中曾总结道："养育孩子，远远不只是修理他们的错误，而是帮助他们找到自己的闪光点，进而把这些长处充分发挥出来，成为一生的热爱。"很多时候我们在做自己非常喜欢、有挑战并且擅长的事情的时候，就很容易体验到心流，比如爬山、游泳、打球、玩游戏、阅读、演奏乐器还有工作。当心流出现的时候，人们通常能够全神贯注地做一件事，并沉浸其中达到忘我状态。坚持天赋所能，天生所爱，在做事情的过程中可以唤起心流，内心宁静，意识处在有序状态，这个时候就是最接近幸福的状态。

我国台湾地区漫画家蔡志忠先生从事漫画工作几十年，当很多人将他的成就归功于夙兴夜寐的努力时，他不以为然："努力才怪，我的一生从来没有努力工作过，因为我都在享受，当你做着自己最爱的事情，根本就没有所谓努力这件事。"因而在蔡志忠看来，如果一个人遵从并沉浸在自己的天赋或者热爱里，"成功"就成了一件顺理成章的事，因为当一个人在做自己最喜欢的事情时，带来的是无比的快乐！

## 多元智能的培养和开发，让孩子带着乐趣去学习

### 多元智能的全面培养，让聪明和快乐同在

一是空间智能的培养和开发，有利于孩子用直觉把握事物能力的发展，使其具有色彩能力、空间能力、图像能力、绘图能力。

孩子在一个三维空间中长大，他会不断地接收到一些真实或虚拟的图像，这些图像有助于促进其大脑的发育。让孩子接触艺术，特别是造型艺术（比如绘画和雕塑等），启发孩子以独特的视角去观察世界、描绘世界。对于儿童来说，这就是在做一场游戏，从中

迸发出灵感思维的火花，获得艺术创造的乐趣，孩子会终身受益。

二是音乐智能的培养和开发，有利于孩子精神健康和智力的发展，使其具有欣赏能力、感受能力、表演能力、创作能力。

科学证明，音乐能够健脑益智，延缓脑衰，不仅改善记忆力，而且还会让大脑出现创造性的奇迹。听音乐可以减压，当孩子学习任务重，情绪低落时，不妨听几首音乐。

三是身体运动智能的培养和开发，有利于孩子的身心全面发展，使其具有协调能力、平衡能力、精细能力、肢体能力。

运动可以带来好的心情，体育锻炼时会刺激大脑释放内啡肽，让人们感到开心、放松，进而增强自信心。运动还可以给人们带来快乐，锻炼和体育运动是通过社交活动进行的，这样大家就可以在运动中欢度时光、放松自我。

四是语言智能的培养和开发，有利于孩子思想的表达和思维的发展，使其具有听力能力、口语能力、阅读能力、写作能力。

我们经常说："是人才的不一定有口才，而有口才的一定是人才！"面对语言能力高要求的时代，孩子们没点口才能力怎么行？美国教育演说家卡耐基的教学理念证明，如果从小锻炼孩子的演讲、解说、辩论、主持等能力，便可以增强孩子的自信心，提高孩子的心理素质，对孩子的前途将产生非常大的影响。

五是数学逻辑智能的培养和开发，有利于孩子分析问题、解决问题的能力的发展，使其具有演绎能力、逻辑能力、计算能力、数感能力。

数学逻辑智能发展好的孩子，学习或做事比较有条理、有秩序感，也比较精确、仔细，相对来说解决问题、适应生活的能力也较高。数学逻辑能力是一种思考能力，也是日常生活中使用最多的一种能力。平常在生活中尽可能把握让孩子使用数学的机会，例如上超市买东西时，可以请孩子计算价钱，甚至协助付钱；或者通过玩益智游戏（如棋牌、大富翁等）教孩子数学以及逻辑概念，多多应用，寓教于乐。

六是人际交往智能的培养和开发，有利于孩子与他人合作能力的发展，使其具有共情能力、合作能力、领导能力、矛盾化解能力。

人际交往智能在很大程度上是理解他人的能力，所以它在生活中的各个方面都起着非常重要的作用，能够帮助孩子和他人相互交流并融洽相处。人际交往智能最常见且最佳的途径是结交朋友，让孩子多认识朋友并开心地和他们一起玩游戏、聊天或看电影，和朋友能够愉快相处。

七是自我认识智能的培养和开发，使孩子更容易走向成功，使其具有自主能力、自信能力、自省能力、自律能力。

具有自我认识智能的人很清楚自己的优点和缺点,知道自己能够做什么,了解自己的心情,所以他们更能做出明智的选择。自我认识智能贵在自知,是成功生活的关键。父母要给孩子创造一个认识自己、独立思考的成长环境。孩子的自我认知能力从很早就可以获得发展,孩子可以通过写日记、制订计划、战胜生活中的困难、经常反省、自我评价,或者了解自己的心情等活动来提高此项能力。

八是自然观察智能的培养和开发,有利于孩子探索创新能力的发展,使其具有观察能力、感知能力、探索能力、关怀能力。

自然观察智能包括两个要素:一是观察一切形式的自然的能力,二是分类能力。让孩子走近自然,去了解环境,观察植物,照顾动物,都可以培养孩子的这一智能。如果孩子有自然观察智能,那么无论他走到哪里,都会对周围的事物很感兴趣。父母可以陪伴孩子一起去郊游,去沐浴阳光。

## 给孩子更多的锻炼和展示的舞台

孩子都有自己独特的优势,重要的是有锻炼机会,发展他们的长处。

小董同学小学阶段时不时逃学打架,其家长经常被"请到"学校。好不容易熬到了初一,小董同学正巧分到了一个有很多调皮散漫的学生的班。班主任看到小董的个子最高,就让他当班长。小董就像带上紧箍咒的猴子,初中三年不但很出色地履行了班长的职责,而且凭借良好的成绩以指标生的身份考取了重点高中,还赢得了同学的友谊。后来,小董考进了一所师范学院,距离实现做一名教师的理想更近了一步。

通过参加班里和学校的活动,孩子的多元智能得到了锻炼和发展。与此同时,还获得了成就感、积极的自我认同感和对学校的积极情感。

## 不拿孩子和别人做无谓的比较

在我们的日常生活中,很多父母常常拿自己的孩子和别人家的孩子做比较,虽然初衷是好的,但却会让孩子丧失自信和自尊。

父母要讲述自家孩子当初的成功故事,更能激励孩子的成长。每个孩子都是独一无二的个体,他们会有自己独特的优势,作为父母要正确认识自己的孩子,多鼓励和激励孩子。

有一部泰国教育公益短片《每天进步一点点》,讲述的是一个非常喜欢踢足球的小男孩,但他不如别人有天赋,跑得不如同龄人快,跳得也不高,教练给他的评价是:"虽然比较努力,但基础较差,头球技术基本为零。"为此,小男孩自己也感到很沮丧。但幸运的是，他的妈妈一直鼓励他，用善意的谎言安慰他，用只有他俩才懂的手势告诉他：再努力一点点，就可以了。

于是小男孩重新拾起信心，一次次地练习，一次次地奔跑，跳得一次比一次高。即使失败，即使受伤，他都一直拼命努力着，争取每次都能进步一点点。终于，最后在比赛中用自己之前最不擅长的头球方式，帮助球队进了一球，拯救了球队，证明了自己并不比别人差。小男孩的成功并不是赢得比赛，而是一次又一次挑战自我，一次次进步让他拥有自信和自我肯定。

作为父母，我们要以平和的心态看待孩子，不盲目与其他孩子比较。

## 成长是快乐的，让孩子产生幸福的体验

如何让孩子快乐地成长，我们作为家长应该如何做？

让孩子有选择权，父母留一点机会让孩子去做，留一点时间让孩子去用，留一点空间让孩子去做自己喜欢的事情。

从心理学上说，不快乐来自压力。而游戏是孩子成长活动的主要载体，让孩子和小伙伴多玩游戏、多运动。如果给他们安全感，让他们有自信，他们也会充满激情地学习。

## 让孩子学会分享，找到快乐

当孩子将买到的糖果分享给小伙伴，对方说谢谢，这时候他是快乐的；当孩子用心帮同学讲解数学难题，同学恍然大悟，这时候他是快乐的。有时候快乐就是这么简单，当一个孩子能用自己的力量帮助别人的时候，他就是最快乐的。

英国女王伊丽莎白在80岁生日的时候，把2000名《哈利·波特》的小读者、小粉丝请到了白金汉宫。女王很悲伤地跟孩子们说："今天请你们来是帮我做一件事情，我有一个最心爱的手袋丢了，不知道你们能帮我找回来吗？"孩子们说可以，就在白金汉宫到处寻找，花园里、客厅里、树后面、凳子下面，最后手袋终于被孩子们找到了。孩子们不仅找到了女王的手袋，还找到了很多好吃的东西和好看的书籍与玩具。

女王对孩子们表示了感谢，并把他们找到的其他东西当作礼物送给他们。孩子们开心极了。

快乐就是如此，互相帮助，学会分享。所以，我们在教育孩子时不能只告诉他："我爱你，要让你快乐！"我们还要告诉他快乐的途径就是分享。让孩子学会分享，将来在人生的路上，他能够用自己的力量去帮助别人，他很多的烦恼就不存在了。在独享中长大的孩子学到的是自私、冷漠，在分享中长大的孩子学到的是爱人、爱己。

## 让孩子分担家务，有责任感

在我国，"该不该让小孩子做家务"这个问题一直以来都是备受争议的，甚至很多父母觉得，孩子还小，让他们做家务太早了。

中国传统的父母对待孩子喜欢包办，因为爱孩子，也为了家长省事。

- 孩子小时候不会穿衣，父母宁愿每天花时间帮他们穿戴整齐，也不愿意去教会他们自己穿；
- 孩子不会自己吃饭，父母就每天花几个小时去喂他吃；
- 孩子鞋带松了，父母的下意识行为永远是蹲下帮他们系好，而不是告诉他自己弄；
- 接送孩子上学，不到进出校门那一刻，书包永远都不是孩子自己背着。

但是，我们替孩子走的路，到最后都成了他踩的坑。我们先看一个广为人知的例子：

2000年5月，17岁的魏永康以总分第二的成绩考进中国科学院高能物理所，成为硕博连读研究生。

然而到北京读书的魏永康，在三年之后竟被中科院劝退回家。原来，被母亲照料惯的他，到北京后不会安排自己的生活，不知道自己该穿什么衣服去上课，冬天还穿单衣、踩着拖鞋去上课。他所住的房间自己也不打扫，屋子里臭烘烘的，袜子、脏衣服到处乱扔。他经常一个人宅在寝室里看书，却忘了还要参加考试和撰写毕业论文，为此他有一门功课记零分，而没写毕业论文也最终让他失去了继续攻读博士的机会。这样的生活状况也影响了正常的学习，他无法继续适应当时的学习了。

2003年7月，魏永康连硕士学位都没拿到，就被学校劝退了。

哈佛大学心理学家乔治·瓦利恩特（George Vaillant）曾追踪一组青少年数十年，发现童年时期经常参与家务的孩子，日后人际关系更好，心态较乐观，成年后获得高薪工作机会的可能性比不做家务的孩子高20%，失业可能性相差也有15倍之多。爱干家务的孩子，离婚率和心理疾病患病率都更低。中国教育科学研究院对我国20 000个小学生家庭进行的调查也表明，孩子做家务的家庭比不做家务的家庭，孩子成绩优秀的比例高了27倍。

另有专家指出，在孩子的成长过程中，家务劳动与孩子的动作技能、认知能力的发展以及责任感的培养有着密不可分的关系。

作为家长，我们要重视孩子做家务：一是为了给孩子一份责任感，让他了解，作为家庭的一分子应该为家做些力所能及的事情；二是为了让孩子锻炼自理能力，为将来的独立生活做准备。毕竟，父母不可能养孩子一辈子。我们要学会放手，让孩子去尝试，更要学会引导孩子做家务，把家务当成一种乐趣、一种任务，非常细化地让孩子去执行,慢慢孩子就会养成爱做家务的好习惯。

教育就是让孩子快乐成长。

# 第6章
# 人人都渴望被赞美

人类本质中最殷切的需要是渴望被赏识和赞美。

一个没有受过激励的人仅能发挥其能力的20%~30%，而当他受到激励后，其能力是激励之前的3~4倍。因而，在孩子的成长过程中，激励的存在是至关重要的。

父母的关爱、呵护和精神引领比物质生活更重要，最好的家庭教育是陪伴和激励，这是孩子成长的宝贵财富。

美国幽默大师马克·吐温曾经说过："一句真诚的赞美可以让我多活两个月。"无论是谁，都喜欢听别人赞美他，而不喜欢被别人批评。

受人表扬总是心情愉悦，挨人批评则难免垂头丧气。对于孩子来说，一句表扬的话不仅可以让他更加自信，还会增强其面对挫折和磨难的勇气和力量。而真正的教育更在于激发和唤醒孩子强大的内在潜能，一旦孩子的内驱力被点燃，学习成为自动自发的事情，父母就不用操心了。

但遗憾的是，不少父母总是相信"爱之深，责之切"，以为只有用指责表达爱，才不是溺爱！殊不知，父母脱口而出的差评，就如同一把钝刀，磨掉了亲子之间的爱，也磨掉了孩子心中的温暖。

让孩子们学会正确地认识自己、欣赏自己、肯定自己，让他们能够激发自己的内在潜能，唤醒内心的勇气。

## 夸奖激励孩子，让孩子收获更多的赞美

### 鼓励和赞美让孩子做事情更有动力和信心

父母帮助孩子树立自信，帮助孩子找到他自己，这是家庭教育最关键的。

曾看过一个孩子写给父母的信：

我的手很小，无论做什么事，请不要要求我十全十美；我的脚很短，请您慢些走，以便我能跟得上您；我的眼睛不像您那样见过世面，请让我自己慢慢观察一切事物；我的感情是脆弱的，请不要整天责骂不休，对待我应像对待您自己一样；我需要您不断鼓励，不要经常严厉地批评、打击我。

对于父母眼中微不足道的小事，孩子却需要花费很多心血，付

出很多努力。

作家三毛在散文《一生的战役》里写过这样一句话："我一生最大的悲哀，并不是要赚得全世界，而是请你欣赏我。"这个你就是她的父亲。一天深夜，三毛的父亲看到这篇文章很感动，留下一句话："深受感动，深为身边有这样的小草而骄傲。"三毛泪流满面她写道："等你这句话，我等了一生一世，直到今天你亲口说出来，才抹杀了我在这个家庭永远抹不掉的自卑和心虚。"

这个世界上有太多的孩子跟三毛一样，小时候得不到父母的认可。但不是每一个孩子都像三毛那样坚强，他们可能会迷茫、彷徨，最终被打上没自信、没出息的标签，实在是可惜。

美国哲学家、心理学家威廉·詹姆斯（William James）说过："人类本质中最殷切的要求是渴望被肯定。"

反思当下我们的家庭教育，很多父母都很难做到真正认可自己的孩子。因此，当孩子表现好的时候，父母请不要吝啬表扬；当孩子有进步的时候，父母请不要试图打击。父母的认可永远是激励孩子前行的强大动力。

有教育专家跟踪调查研究发现，那些得到父母认可的孩子，会更自信、更积极，长大后更容易和外界友好相处，更容易成为幸福快乐的人。

戴尔·卡耐基在《人性的弱点》一书里写道:"人生来就喜欢被人鼓励。用这样的方式对待孩子,可以让孩子在轻松愉悦的氛围中成长,获得自信,从而变得更优秀。真正有远见的父母,从来不会吝啬对孩子的鼓励。"

下面是父母滋养孩子的五句话。

- "亲爱的宝贝,不管发生什么,我都会和你在一起,我永远爱你!"父母这句话,可以给予孩子安全感。
- "你是独一无二的,走你的路,做你自己!"父母这句话,可以给予孩子价值感。
- "也许你是对的,我只是建议,决定权在你。"父母这句话,可以给予孩子尊严与自主感。
- "相信你能处理好自己的事情,如果需要,我会和你一起面对,尽我的力量陪伴你。"父母这句话,可以给予孩子自信与支持。
- "你无论做得怎么样,表现如何,你都是我亲爱的宝贝,我依然爱你。"父母这句话,可以给予孩子接纳、鼓励和联结感。

赏识教育是世界著名的六种教育方法之一。赏识教育是生命的教育,是爱的教育,是充满人情味、富有生命力的教育。赏识教育不是简单地表扬加鼓励,而是赏识孩子的行为结果,以强化孩子的行为;是赏识孩子的行为过程,以激发孩子的兴趣和动机;创造环境，以指明孩子发展方向；适当提醒，增强孩子的心理体验，纠正孩子的不良行为。

孩子需要鼓励，就像植物需要水。父母对孩子的欣赏和鼓励，往往是孩子成长的动力。

父母说的话对孩子是至关重要的，你的话里就带着孩子的未来，你说什么孩子都会相信。所以你要挑选那些积极的正能量的话送给你的孩子，让孩子在正能量中长大。对父母来说，用爱的语言激励孩子至关重要。所以，父母不要轻易用暴力的语言和伤害的语言去刺伤孩子，那些伤害将会在孩子的心中挥之不去。

人本主义心理学家亚伯拉罕·哈罗德·马斯洛（Abraham Harold Maslow）认为，人的最高需求是自我价值的实现。对孩子来说，当自我价值感被满足了，他便很喜欢去做某件事。而成人的不断认可和夸奖，会让孩子内心产生一种"我很强大"的感觉，这种感觉正是自信。

## 父母如何鼓励和表扬孩子

### 发现孩子的能力，设立展示区

有研究表明，父母多称赞子女的优点，会让孩子更认同自己，拥有更多自信。

我是"小画家"女儿的忠实粉丝，我会把女儿每次从儿童美术学校拿回来的画精选出一幅挂在餐厅的墙上，我们全家人吃饭时一抬头就可以看到，平时有空就去欣赏。女儿上小学六年级时，她已经学画画七年了。在那一年暑假期间，她们高水平班的每位同学都画了一百只手的线描画，老师说她们画的手超出了部分高中生的水平。

### 表扬孩子的努力而不是天赋

当孩子获得了好成绩时，以下两位妈妈的称赞方式，您认为以下哪一种更鼓励孩子呢？

方式一："你考得真好，宝贝真棒！"

方式二："你考得真好，你一定很努力吧，继续加油哦！"

常常用方式一夸赞孩子，孩子在以后的学习中并不会去追求极致，挑战自己，往往会选择简单的任务，因为他所希望的是顺利完成，获得肯定。而常用方式二夸赞孩子，孩子会敢于去挑战更难的任务。相比之下，后者的成长自然比前者更快。

### 表扬要具体、明确、有画面

讲话要描述孩子的行为，说出行为的结果，并表达我们的感谢或期待。

例如:"爸爸和妈妈注意到你最近整理书桌了,你看桌面变得整洁了。保持下去哦,加油!"

**积极倾听**

积极有效倾听带来的积极情感,有利于打造和谐的亲子关系。积极倾听也是对孩子最好的鼓励和认可。作为家长要倾听什么呢?

- 听信息:不急于回应,先进行清晰的信息确认。
- 听情感:带着共情的心态去倾听,听孩子表达的情感情绪。
- 听需求:听孩子说完,帮助孩子确认信息和情感背后的需求。

**主动的建设性回应**

有一天,孩子放学后非常高兴地对妈妈说"我今天数学考了98分",这时,妈妈可能有以下四种回应。

- "哦,是吗。"然后继续做家务。
- "哪道题做错了?扣分了?怎么没考100分?"
- "哦,我跟你说,今天你爸爸非要给你买个新书桌,我觉得你这个就挺好的。"
- "哇,你这次进步很大啊,来说说你是怎么做到的!"

好事发生时,给孩子主动的建设性回应(第四种回应),有助于增进亲子关系，也是对孩子最好的鼓励。

皮格玛利翁效应留给我们这样一个启示：赞美、信任和期待具有一种能量，它能改变人的行为。当一个人获得另一个人的信任、赞美时，他便感觉获得了社会支持，从而增强了自我价值，变得自信、自尊，获得一种积极向上的动力，并尽力达到对方的期待，避免让对方失望，从而维持这种社会支持的连续性。

## 引导孩子学会自我激励，激发他的内在动机

我的女儿月月上高中时，在一次全校家长会议上，一位主管教学的校长公开谈到自己的苦恼："老革命遇到了新问题，很多学生学习上没有动力！"

一说起学习的"内驱力"，我想大家应该都能理解，就是学习的内在动力，是自己想要学习，而不是被别人喊着催着学习。一个人的内驱力是在需要的基础上产生的一种内部唤醒状态或紧张状态，表现为推动有机体活动以达到满足需要的内部动力。直白地讲，就是为了满足自己的需要，一个人主动去做事的动力。需求越强烈，内驱力就越强大。埃隆·马斯克说他成功的关键就是"内驱力"，而世界上最可怕的事情是孩子没有"内驱力"。

令人忧虑的是，今天孩子学习和进步的动力几乎全部来自外在

压力和奖励。结果是他们既不会有宏伟的目标，也不会有坚韧不拔的毅力，这样的未来我都不愿意去想象。我相信只要有足够的内驱力，普通的孩子也可以取得非凡成就。

一个人主动做事的动机，最重要的决定因素来自人的三大心理需求：胜任感、联结感和自主感。如果这三大需求都得到了满足，人们就会更积极主动地做事。

一个善于自我激励的人，总是能够发挥自身的潜能，创造出超越自己能力的神话；一个不会自我激励的人，就算拥有良好的天赋，也无法开发出自己的潜力，甚至会走上绝路。因此，帮助孩子发展自我激励，是父母最值得做的一件事。

美国心理学家爱德华·L.德西（Edward L. Deci）和理查德·瑞安（Richard Ryan）在20世纪70年代提出了自我决定理论，并且盛行至今。这个理论告诉我们，每个人生来就有着自发的动力（内驱力）去努力成长、变得更好。而这种内驱力的根基有三个，即胜任感、联结感和自主感。当这三个基本心理需要都得到满足的时候，内驱力就会非常强劲，推动人不断向前，使人全心全意地投入某件事情，同时拥有最好的体验和表现。

## 胜任感：孩子觉得他能做到，有自我价值感

父母要重视孩子的特长，并以此为契机鼓励他在擅长的领域有所作为。如果父母能从孩子令人鼓舞的小成就着手，鼓励他相信自己在其他事情上也能获得成功，利用一个领域的成功引领孩子进入另一个领域，使其获得自信心。有自信才敢去探索未知，才能茁壮成长。

教育是给孩子赋能，让他更有力量。让孩子在擅长的活动上多深入学习，把精力用到力所能及的活动上，更容易获得成就感和自身的价值感。

如何让孩子获得胜任感？

当孩子做出正确的事情时，父母去欣赏他，说出自己内心的感受，说出欣赏他的闪光点是什么。比如说："宝贝，今天妈妈特别高兴。今天来的几个小朋友都被你照顾到了，你看走的时候他们都不想走，你太棒了！"在这个过程中，孩子能感受到他是胜任这些事情的，这会让他更加地自信，我们也就经由这样的表达强化了

孩子正确的行为，他未来也会更愿意去这样做。

培养孩子的学习积极性和胜任感有两大策略。

一是善于发现孩子的智能强项。

- 你的孩子是不是喜欢阅读并善于复述书中的故事情节？这说明他的语言智能很强。
- 你的孩子只要是他听过的音乐，等他再次听到的时候，是不是很容易就能辨别出来？这说明他的音乐智能可能很强。
- 你的孩子是否因为经常问"十万个为什么"而显得不安分？这说明他的逻辑智能可能很强。
- 你的孩子是否喜欢在作业本上乱涂乱画而不是用来记笔记？这说明他的空间智能或许很不错。
- 你的孩子是否很活泼好动，比如喜欢走来走去？这说明他的身体运动智能可能很强。
- 你的孩子是否尽管作业还没有做完，却把大部分注意力集中到了小猫身上？这说明他的自然观察智能或许很出色。
- 你的孩子是不是朋友很多，喜欢团体活动？这说明他的人际智能可能很强。
- 你的孩子是不是喜欢独处和独立行事？这说明他的自我认识智能也许很出众。

我们要让孩子看到自己的优势智能，看到自己身上所具备的美好品质，并且让孩子在这些优势和美好品质的影响下变得更好。

所以，我们要做善于发现孩子优点和美好品质的父母，为孩子的优势教养打开一扇充满阳光的大门。

二是挖掘孩子的成功故事，激励孩子成长。

一方面，要讲述孩子每天进步一点点的故事。每个孩子身上都会有闪光点，需要被父母看见。孩子的了不起，由父母来见证。

推荐的方法是：看到孩子的进步，并给予详细具体的鼓励。

比如，10道题孩子错了3道。父母不要说："这么简单，你怎么都能错呢？"而是说："这一次的字写得比以前整齐！""你做错的这几个题目，确实有难度，我们一起来看看吧！"

挖掘自家孩子的成功故事，不但能激励孩子成长，更能改变父母对孩子的消极态度。

另一方面，重视孩子讲述自己的故事。

讲故事是人类的天性。哲学家让－保罗·萨特（Jean-Paul Sartre）曾指出："人永远是讲故事者。人的生活包围在他自己的故事和别人的故事中，他通过故事看待周围发生的一切，他自己过日子像是在讲故事。"

我们每个人都生活在自己的故事里，在故事里成长，在故事里接受教育，通过讲故事满足探索生命成长意义的需要。故事中的事件和它本身所蕴含的意义就成为我们成长中的重要内容，也成为我们生命中的美好回忆，一定程度上也决定着一个人的人生品格以及对幸福的感受和体验。

对孩子来说，向父母讲述自己的故事和感受，表达自己的想法和需求，可以让自己体会到意义感和重要感，也体现了父母对孩子的尊重。

更重要的是，孩子讲述他所经历的成功故事，使孩子变得更加自尊、自爱、自信、自强，从而使各方面得到异乎寻常的进步。父母可以挖掘孩子的优势人格和成功体验，使得孩子对自己的成长有更积极的解读。

## 联结感：孩子感受到无条件的爱

人与人之间终生的相互依赖，使得人际关系成为我们生存的核心。我们有一种强烈的归属需要，即与他人建立持续而亲密的关系的需要。我们把这种需要称之为联结的需要、爱与被爱的需要、关心与被关心的需要。尤其是在亲子关系中，胜利时，父母与孩子一起欢呼；失败时，父母陪孩子一起承担。归属感是孩子在做一件事情的时候，无论结果如何，都能感受到爱、尊重和接纳。

如何让孩子获得联结感？

通俗来讲，让孩子感觉到父母无论什么时候都是爱他的。什么时候孩子才能感受到父母的爱，更容易感受到父母的爱？不是他做出成绩的时候你给他鼓励，更不是你给他买了什么礼物，而是在孩子犯错的时候说出你的感受，说出你的期望。但是，在这个过程中有个重点，就是一定要让孩子知道父母永远爱他这个人，而不会在他这个行为上有过多的计较；我们只是不认可他这个行为，但是永远会爱他这个人。比如孩子撒谎了，父母对事不对人，只是不认可他撒谎的行为，但是不会去否认孩子的人格与品格。

**共识**

父母可以从聊孩子感兴趣的话题入手，只要我们留心，总能发现孩子关注的话题。找到共同的话题，父母和孩子不但沟通有得聊，也更有利于亲子之间的交流。以下是一些通常会让青少年感兴趣的话题。

- 聊聊彼此生活中发生的见闻。
- 谈谈孩子个人的兴趣爱好。
- 关注孩子的心情，问问孩子的情绪和感受。
- 讨论家庭计划的话题，可以增加孩子的归属感和安全感。
- 聊聊对未来几年的规划和期待，如孩子初中毕业后想上什么高中，或者长大后想从事什么职业。
- 问问孩子"有什么需要爸爸妈妈帮忙的？"

此外，父母还要会换位思考，能站在孩子一方的立场去思考问题。不同的年轻人喜欢谈论的事情都不同。一些他们喜欢谈的事情也许对你来说不值一提，但是心理学家告诉我们："和孩子在一起有的时候就像是到了另一种文化环境，你需要尝试理解他们，设身处地地站在孩子的位置来思考。"

### 共情

共情也称同理心，就是对他人的痛苦感同身受：看到你这么痛苦，我自己也感受到了同样的痛苦。父母与孩子共情，就是与孩子一同感受，真的站在孩子的立场上去和孩子同悲伤同欢乐，让孩子内心感受到我们是相亲相爱的一家人。

### 学会倾听

经常听到这样一句话："父母怎么听，孩子才会说？"倾诉是人的本能，而倾听者则需准备好理解和接纳之心。亲子之间的沟通障碍，很大程度上是来自父母倾听的缺失。下面是学会倾听的建议。

- 父母要积极地听。一些父母常常不愿倾听孩子的话语的一个重要原因之一,就是认为孩子说的话,提的问题是非常幼稚的,有时甚至是可笑的,而不愿倾听孩子所说的话。这是在家庭中我们没有平等对待孩子和尊重孩子。因此,把孩子当作一个独立的个体来平等对待,并尊重孩子,这是父母愿意倾听孩子说话的前提条件。

- 倾听孩子的心声。父母学会倾听、了解孩子的真实想法,找到原因和根源,才能更好地给孩子正向的影响和积极、有效的引导。

学会倾听,是父母了解孩子内心世界最好的办法之一。学会倾听,可以体现父母对孩子的关心。让孩子时刻能感受到父母对他的爱、对他的关心。

**陪 伴**

父母要多陪伴孩子,增加亲子时光。父母在与孩子相处中,要有关注、有互动才是高质量的陪伴。在假期,家长可以带孩子到外面走走,看看外面的世界,让孩子增长见识,开阔眼界。

在家里,我们可以陪孩子们玩多样趣味的室内运动游戏,做一些手工,这些都能让孩子感受到父母充分的关爱。

此外,父母应支持孩子的兴趣和爱好,做孩子成长的助手。一方面为了促进孩子身体的健康发育,保证营养和多运动;另一方面是为了促进孩子智能的发展，在发展兴趣和强项的同时，全面发展多元智能。

## 自主感：孩子感到可以自己做决定

每个孩子都希望自主决定自己的事，父母应该尽量多给孩子做决定的机会。

如何让孩子获得自主感？

当孩子跟父母商量："爸爸，我过生日想跟几个同学去外面吃饭，可不可以？"或"妈妈，今天放学我能不能跟同学玩一会儿，再回来写作业？"如果父母持反对意见，孩子可能会因各种情绪跟你闹别扭。父母可以尝试着对他说："好的，宝贝，听你的。"只要孩子的要求不过分，小事尽量让他自己做主。随着孩子年龄的增长，他做主的空间越大，他对于事情的掌控感就越强，然后他的责任感也就会越强。

在"双减"政策下，最该培养孩子的能力就是自主性。自主，顾名思义就是自己定目标，自己执行，自己来做。孩子自主能力的发展，主要包括以下三个阶段。

孩子的成才之路
写给父母的教育心理学

### 小学阶段

每个孩子都希望自主决定自己的事，父母应该尽量多给孩子做决定的机会。父母可以提供选择，这是支持鼓励孩子个人自主的核心。

让孩子学会选择，感受到父母让自己决定想要的一切，实在是再美好不过了；让孩子学会选择，慢慢懂得在别人眼里最好的不一定适合自己，而适合自己的才是最好的。在选择中，选择足够好足矣。

### 初中阶段

孩子上初中后，进入了青春期。在情绪上有时很容易冲动，也很叛逆。在家中父母需要提醒孩子时，可以使用引导式发问，让孩子更容易接受。

父母根据孩子的心情、做事的不同阶段，适当给予提醒和鼓励，让孩子有目标，充满干劲去做。例如，在时间意识培养的过程中，经常要用到引导式问话。这种引导式问话，并不命令孩子即将要做的事，也可以避免每天总是重复性追问，让孩子产生听觉疲劳。你不妨问："儿子，能告诉妈妈现在几点了吗？""宝贝，再过五分钟，你应该到做什么事的时间了？""好样的，你能够把自己要做的事安排得明明白白，真是了不起呢！妈妈相信你能认真执行作息时间表里的内容的，加油！"看，这里是不是没有提"作业"一词？而是让孩子主动思考，然后做事呢？

引导式发问，需要家长在说话前静心观察孩子几分钟，看清楚孩子当时正在做什么？也需要父母有足够的耐心，并相信孩子的自主能力。

### 高中阶段

让孩子在父母的身边独立自主。首先，父母可以协助孩子制定目标。目标所激发的内生性驱动力，要远比外部强加的力量大得多，也有效得多。其次，父母把自主权交还给孩子，让他自主，自己执行目标，自己做。孩子的自主行动会强化自我效能感，从"要我学"到"我要学"。

## 正确行为积极强化，错误行为淡化处理

每个孩子都有很多优点和长处，教育就是要将这些优点和长处守住、守住再守住，强化、强化再强化。多看到孩子的长处，让他们从小快乐中培养大快乐。别总说孩子的短处，说多了他就觉得自己一无是处了。

试问，在孩子成长的过程中，你身为家长对孩子的行为表现是

**孩子的成才之路**
写给父母的教育心理学

肯定多一些还是否定多一些？

在微博上，看到一位妈妈清晰地记录这样一件事：

前天晚上，女儿直视着我的眼睛说："妈妈，你知道吗？你不应该随便批评我。"

昨晚，女儿又担忧地对我说："妈妈，明天可怎么办啊？"我说明天怎么了，她说："明天爸爸加班，咱俩怎么相处呢，咱俩总是干架。"还差两个月到五岁的小臭孩，让我反思与惊讶。教育孩子？不对，应该是和孩子一起融洽成长！

原来，女儿五岁时就曾义正词严地对她说："妈妈，你知道吗？你不应该随便批评我。"但时隔四年，这位妈妈却还是每天都在犯同样的错误。

## 正确行为积极强化

行为主义心理学家伯尔赫斯·弗雷德里克·斯金纳（Burrhus Frederic Skinner）提出的强化理论，就是一种奖励。在孩子做到并养成一些好的习惯的时候，父母肯定他、认同他并奖励他，孩子慢慢地在这个事情上就把好的行为变成习惯了。奖励有两种：第一强化和第二强化。第一强化是一种物质上的奖励，可以满足生理上的一些需求；第二强化是满足精神上的奖励，如一个奖状、一个证书。物质上的奖励是可以用的，问题在于怎么用。父母不要在孩子做什么事情之前跟他说"你做这个，我就给你什么东西作为奖励"，这种做法有点像收买。父母的奖励、父母的爱应该是无条件的，当孩子做对了、做好了，父母就应该去奖励。奖励是很普通的事情，父母要学习更智慧、更科学的奖励方法。

### 强化优势智能，多看孩子的兴趣和所能

很多家长为了鼓励孩子进步，经常会跟孩子说："你看看人家的孩子成绩多好！"其实这种比较是不妥的。经常抬高别人的孩子来贬低自家孩子，就会不断地打击孩子的自信。

多元智能的研究告诉我们，每个孩子都是独一无二的，都有着聪明之处，也都具有在某些领域成才的能力。没有人是全能的，也没有人是全不能的！因此，父母要多看自家孩子的兴趣点在哪里和哪个方面具有智能强项，并给予孩子更多的支持和鼓励，帮助他把这方面的兴趣培养下去。让孩子在自己智能强项的基础上发展，才能满足孩子的胜任感，使孩子快乐和自信。

### 强化成就感，帮助孩子远离网络游戏

不把孩子跟他人做比较，而是看到自家孩子的点滴进步，多给予孩子鼓励和肯定。这样就能不断帮孩子获得成就感，提高孩子的

积极主动性，帮助孩子远离网络游戏。

### 强化积极的行为

俗话说："你强化什么，就会得到什么。"可是父母却经常说孩子"你这个不行，那个也不行"。或者孩子一件事情做得不对的时候，父母就大喊大叫地去纠正他。父母大喊大叫，实际上是在强化孩子的不良行为。

不要以为孩子的好行为是他应当做到的，需要父母把注意力更多放在孩子的优点和好行为上，多认可、多肯定。教育孩子不如换个方式，夸他好的地方，正面强化孩子积极的行为，就会收获更多积极的行为。

我们知道，如果行为受到强化，那么出现的频率就会增加。如果父母经常对孩子的良好表现给予表扬，那么即使是幼儿，也可能会满足父母的期望。

## 错误行为淡化处理

孩子是一边犯错一边成长的，有时淘气起来让父母抓狂，这是常态。

作为父母，我们要看到孩子做到的部分，而不是只看没做到的部分。我们要和孩子一起面对困难,而不是和困难一起打败孩子!

但是,在网上有句流行的话:"没吼过孩子的爸妈,基本上是万里挑一。"

一句简单调侃,却道出了所有父母的心酸:在教育孩子的过程中,"吼"已经成了常规操作:

- "你看看这都几点了?作业还一个字没写!"
- "说了要细心!这么简单的数学题都算错!"
- "和你说多少遍了,别整天对着手机、电脑!"

我们经常对孩子发脾气、怒吼,甚至动手打孩子。等发完火后,心里又忍不住愧疚和心疼。

但很多父母不太清楚"废掉"一个孩子最快的方式是:当面批评他,不停地挑他的毛病,把讽刺挖苦的语言每一天都挂在嘴上。用不了多久,这个孩子就会有变化。

有一对父母曾做过这样的观察:趁着某一天对方不注意的时候,记录一下对方在与孩子的对话中使用了多少次"不要""不准"或者命令式的语气。

结果让他们非常吃惊,某个上午,妈妈反复对孩子说了 37 次"不要";而在一个晚上,爸爸对孩子使用了 10 次命令和 6 次大吼。

当我们想纠正孩子的错误行为时，我们通常会说"不要做什么"，但这反而提醒和强化了那件事情。告诉孩子"不"从来都不是唯一的解决办法。我们可以把对孩子否定的话变为肯定，对错误行为淡化处理，多肯定和强化正确的行为。

这是一个发生在法国家庭的真实故事：

小男孩不小心打碎了家里的花瓶，他想办法用胶水粘了起来，但还是被妈妈发现了。他撒谎说是小猫跑进来打碎的。妈妈什么也没说，到了晚上把孩子叫到房间，没有批评他，反而表扬他说："你运用神奇的想象力，杜撰出一只会开窗户的猫，以后你一定可以写出好看的侦探小说。"接着肯定孩子说，"你有杰出的修复能力，虽然用的是胶水，但裂缝黏合得几乎完美无缺。"

孩子听完之后，羞愧得说不出话。从此以后，这个男孩再也没有撒过谎。

如果男孩妈妈选择用打骂、责备、否定错误行为的方式对待孩子的话，不仅会造成亲子间的隔阂，还会让孩子的自信心和自尊心受创。孩子犯错后，父母的回应方式会对孩子的影响深远。父母不一样的引领方式，最终造就的是孩子天差地别的未来。只有做一个会欣赏孩子的父母，孩子才有动力去积极看待自己，并为自己要改变的事努力。

当孩子一件事情做得不对的时候，你不要大喊大叫地去纠正他，因为你在强化这件事情的印象，于是他就怕再出这样的错。但事与愿违，孩子反而更容易出错。而且，有时候孩子也不明白你为什么要吼叫。相反，当他做错的时候，你就完全不以为然，装作没看见，这事就过去了。

作为父母，我们对孩子的正确行为积极鼓励，错误行为可以淡化处理。

# 第 7 章
# 尊重孩子是教育的底线

中国青少年研究中心在北京、上海、广东、云南、甘肃和河南六省（市）进行的"中国中小学生学习和生活的现状与期望调查"结果显示，中小学生最不满意父母的12种行为是：

1. 说话不算数，占 43.6%；
2. 对我管得太多，占 32.6%；
3. 他们不和睦，占 22.7%；
4. 限制我交朋友，占 21.0%；
5. 不与我交流，占 20.5%；
6. 拿我出气，占 17.6%；
7. 不平等地对待我，占 15.7%；
8. 自己看电视却不让我看，占 14.8%；
9. 在家玩牌、打麻将，占 13.6%；
10. 总是训斥我，占 13.4%；
11. 逼我读书，占 13.0%；
12. 不关心我在学校的表现，占 10.2%。

我们从上面的调查报告中可以看出：中小学生最不满意父母的12种行为里，除了第3种"他们不和睦"和第9种"在家玩牌、打麻将"以外，有10种行为可以归结到父母并不尊重孩子。由此可见，尊重对于亲子关系是多么关键。在孩子的内心里，最期望的是能得到父母对他们的尊重。因此，我们经常说："尊重孩子是家庭教育的起点，也是教育的底线。"

作为父母，我们应该把童年时期的孩子看作有独立个性的人，平等相待，自觉地意识到要尊重孩子。虽然孩子是父母生养的，但当他来到这个世界上时，他就成了一个独立的个体。如果父母不接受这一点，就会把孩子当作自己生命的延续、自己管理的一个附属品或艺术品！其实他不是，所以父母要把孩子当作和自己一样的人来对待，对孩子保持真正的尊重。有了一种对孩子当下生活的尊重，对孩子本身作为人的尊重，父母的很多教育方式自然就会改变。因此，尊重孩子是家庭教育的起点。

奥地利心理学家阿尔弗雷德·阿德勒（Alfred Adler）说过："幸运的人一生都被童年治愈，不幸的人一生都在治愈童年。"现在心理科学已经发现，成年人身上所有的问题，差不多都可以从他的童年生活中找到答案。所以，童年对一个人的影响非常重要。

对于我们家长来说：爱孩子，先学会尊重孩子。在爱当中必然有尊重，尊重是如实地看待，而不是将对方看作心中的理想对象。

尊重孩子是我们在教育过程中最应该重视的主题，在父母尊重孩子的同时，在心中认可他是一个独立的个体；无论孩子做得是非、对错，父母跟他都有商有量，使用暴力和责备或是攀比对孩子来说是没有温度的，只会给他造成更大的反弹力。

## 尊重孩子所要遵循的人际关系三原则

因为你的孩子是一个独立的个体，本质上讲，你应该像尊重其他人一样尊重他。

当孩子遇到事情向你请教和商量时，当孩子有相关的选择需要你的帮助决策时，当孩子遇到的问题需要你来处理时，父母都要想一想："如果他是我的朋友或者同事，我会怎么做？"

因此，父母始终不要忘记：我们和孩子之间也是一种人际关系，也要遵循社会心理学上讲到的人际关系的三个基本原则。

### 交互原则

交互原则是指，喜欢他人是有前提的，那就是他人也要喜欢自己，承认自己的价值，对自己起到支持作用。

人际关系的基础是相互重视、相互支持，喜欢与厌恶、接近与疏远都是相互的。因此，家长与孩子间尊重也是相互的，如果你想让孩子尊重你，你也要尊重孩子的选择。

## 功利原则

功利原则是指，只有当一种关系对人们来说是值得的，人们的交往行为才会出现，人际关系才可能建立和维持。

对自己值得的或者得大于失的人际关系，人们就倾向于建立和保持；对不值得的或者失大于得的人际关系，人们就倾向于逃避、疏远或终止。这种值得或好处是指包括情感的、物质的和信息的内容。因此，让孩子觉得在与父母的关系中得大于失、快乐大于烦忧，孩子才愿意和你交往，才愿意把关系维持下去。

## 自我价值保护原则

自我价值保护原则是指，人为了保存自我价值的确立，心理活动的各个方面都有一种防止自我价值遭到否定的自我支持倾向。

这一原则体现在人际关系上，即每一个人都希望能够从他人那里获得肯定，能够在这段人际关系中肯定自我价值。知道自己是值得的，知道自己的价值是受到肯定的。在好的关系中，你越来越成为好的自己。你越来越喜欢自己，就是自我价值的肯定和保护。

所以，作为父母，在亲子关系中一定要牢记自我价值的保护原则。我们要注意肯定和保护孩子的自我价值，而不要让孩子的自我价值贬损。

## 尊重孩子就要平等以待

平等以待意味着父母把孩子作为一个独立的个体来尊重和喜欢；愿意让孩子以自己的方式表达自己真实的感受；意味着父母接纳和关心孩子在每时每刻的态度，无论消极或积极，无论他此时的态度和他以前的态度是否有矛盾。

教育家陶行知在做校长时，一天他在校园里看到一名男生正想用泥块砸向另一名同学。陶行知及时制止，同时让这名男生去自己的办公室。

通过知情人了解情况后，陶先生回到办公室，发现那名男生正在等他，于是掏出一颗糖递给他："这是奖励你的，因为你很准时，比我先到了。"

接着又掏出第二颗糖："这也是奖励你的，我不让你扔泥块，你立刻就住手，说明你很尊重我。"男生将信将疑地接过糖。

陶行知又掏出第三颗糖："据了解，你向同学扔泥块是因为他欺负女生，说明你有正义感。"

这时男孩已经泣不成声了:"校长,我错了。不管怎么说,我用泥块打人是不对的。"

陶校长这时掏出第四颗糖:"你已经认错,我们的谈话也结束了。"

陶先生关注了孩子,读懂了孩子,把孩子当成平等独立的人去尊重、去呵护,即使那是一个犯了错的孩子。

父母平等对待孩子可以从以下几个方面着手。

## 要给孩子选择的权力

父母要尊重孩子他自己的想法,只要是在不影响他的安全、不伤害他人、不伤害自己的情况下,要让孩子为自己的事情做主。我们把自主权交给孩子,会使孩子感觉到更多的成就感,他会觉得自己是独立自主的。例如:

- 生活中允许孩子选择自己的朋友;
- 闲暇时允许孩子选择做自己喜欢的事情;
- 讨论时允许孩子有不同甚至反对的意见;
- 遇到问题时允许孩子尝试用自己的方法去解决问题。

赋予孩子选择的权力,其实是赋予了孩子自我成长的机会。父母要学会经常说"你来决定吧"。

## 父母要好好说话

父母和孩子在沟通时应该注意以下三件事。

### 父母和孩子平等对话

多征求孩子的意见，鼓励孩子有自己的看法，父母要学会和孩子对话。

著名教育专家詹大年说过："对话，是倾听对方，态度中立，平等地交流，其目的是建立关系。谈话，是宣讲观点，主客分明，支持自己，其目的是解决问题。很多孩子接受'对话'，但会回避'谈话'。因为他们希望自己的主体地位能受到尊重，自己的言论不被指责，不被否定。"

我们可以看出："对话"不是父母"对"孩子谈话，而是彼此平等地交流；不是一次性说服对方，按照父母的想法和意志要求孩子去做，而是先了解孩子的想法和他的心情，通过彼此的对话引发孩子的思考，使下次对话可以延续和期待。

因此，父母在和孩子对话时不要高高在上，也不要批评、指责。

父母和孩子建立平等的关系，双方对话，就是你说我在听，我说你在听。我们一起分析问题，讨论解决问题的方案。

父母的语言里藏着孩子的未来！自检一下，今天你使用语言暴力了吗？如果有，从此刻开始，改变自己吧！

### 父母要情绪稳定

不动情绪地倾听，常常能很好地帮助孩子。孩子说出来，情绪就好多了，思路就很清楚了。很多时候，他自己就找到了解决问题的方案。

父母不要动情绪，而要共情，就是理解孩子，然后站在孩子的立场去思考问题。

教育就是学会尊重自己的孩子。

### 父母要了解孩子的需求

父母要从孩子的立场出发，尊重孩子，理解孩子，接纳孩子。

我们在心理上要首先问自己："我的孩子需要什么？"而不仅仅是"我想为孩子做些什么"。父母应站在孩子的角度思考，"如果我是他，听到父母对我提出这样的要求，我会有什么感受呢？"父母应以孩子的合理需求和内心感受为价值判断标准，而不是以自己的价值观为标准。

## 尊重孩子就要无条件地接纳

### 无条件地接纳孩子的个性特点

斯坦福大学教育学博士陈美龄女士养育了三个男孩。大儿子天性安静沉稳，二儿子却活泼好动，刚上学时坐不住，在课堂上跑来跑去，常被老师投诉。

陈美龄女士想帮助二儿子适应学校，却不是采用贬损孩子、强行改造孩子的方式。她对二儿子说："你喜欢跑来跑去，这很好，我很喜欢，我不要你像大哥一样。要是所有孩子都一样，我干吗生两个呢？生一个就够了呀。可是学校是一个不自然的地方，我们又一定要去。所以，我希望你动用你的想象力，想象你的裤子和椅子中间是有胶水的，你可以站起来，但是你站起来，就得带着椅子。"

孩子领悟到妈妈并非不喜欢他，只是集体生活有些规则需要遵守，从此再没有在课堂上跑来跑去。

陈女士关注了孩子，无条件地接纳孩子的个性特点，把孩子当成平等独立的个体去尊重，想方设法用孩子乐于接受的方式与孩子沟通，即使那是一个不符合"规范"的孩子。

## 无条件地接纳孩子的个体差异

尊重孩子还要无条件地接纳孩子的个体差异,就是每个人的多元智能优势不一样,有人的优势在语言上、有人的优势在数学逻辑上、有人的优势在音乐上。最重要的是要符合孩子的特点,就是尊重孩子的个体差异,孩子适合什么就去让他去做什么,允许孩子去发展他的强项。

## 尊重孩子就要保护孩子的自尊心

苏联教育家瓦西里·亚历山德罗维奇·苏霍姆林斯基(Vasily Aleksandrovich Sukhomlinsky)曾说:"孩子的尊严是人类心灵中最敏感的角落,保护孩子的自尊是保护孩子的潜在力量。"

在中央电视台社会与法频道的《心理访谈》节目中,有个33岁的女大学生范成金,毕业10年仍在家啃老不肯出去工作。本来,范成金自幼是个很有创造力的孩子,然而她父母却时不时地打击否定她。成绩进步时,父母一脸嫌弃叫她"不要得意,这点成绩还达不到要求";范成金非常喜爱设计多功能鞋和新衣服,却被父母揍,说她将来成不了大器;生活中范成金犯的任何小毛病,都会被父母拎出来批评,说她是个没用的废物……

每天生活在"你啥也干不了""你成事了,狗都能成事"的负面打击中，范成金也渐渐觉得自己很差劲，并患上了社交恐惧症，一见到陌生人就紧张得说不出话。

最后，她只好赖在家里，不敢踏入社会。

可见，毁掉一个孩子最快的方法，就是摧毁他的自尊，将他贬得一无是处。

英国著名作家威廉·萨默塞特·毛姆（William Somerset Maugham）认为，自尊心是一种美德，是促进一个人不断向上发展的一种原动力。孩子虽小，也有较强的自尊心，他们在人格上也享有与大人平等的权利。孩子的心理比较脆弱，极易受到损伤，大人尊重他们的自尊，会让他们感到快乐、变得自信、积极向上，这是孩子接受教育的最佳状态。

作为父母，可以从以下几个方面来保护孩子的自尊心。

## 提升孩子的自我价值感

我们说自尊是孩子看待自己的方式，对自己的价值充满信心。真正的自尊，是让孩子能够意识到自己的价值感。

### 培养和激发孩子的兴趣

孩子有兴趣和特长，树立了自信心，对自己有了价值感，才会拥有更强大的自尊心。

然而，现在的孩子不缺兴趣班，而是缺真正的兴趣。这个和父母对孩子的期待、观察和引导有关，同时也和父母对孩子的反应和互动有关。父母在协助孩子培养出积极的兴趣和长期稳定的兴趣上起到至关重要的作用。当孩子有了自己擅长的部分，他会更自信，学习更主动。同时也可以助力孩子的社交，无论是现在还是未来都可以帮助他交到更多的朋友。

除了学习之外，其实我们也应该让孩子参与力所能及的家务活。可以让孩子扫地、洗碗等，以培养他的自我价值感，从而了解自己的生活能力。在一个家庭中，每个成员都有属于自己的归属感，一旦孩子找到自己的归属，就容易激发他的价值感。

得到父母尊重的孩子，会觉得自己是有价值的，他也会更好地尊重自己，也会更积极地回应这个世界。

### 要不失时机地表扬、鼓励孩子

孩子遇到困难和挫折的时候，需要的是家长的信任和支持。如果家长能在这个时候说一些信任孩子的话，孩子的自尊心就会得到保护。比如"没关系，再试试，说不定下次就行了""孩子，只要你努力了就可以了，妈妈为你骄傲"。

在孩子成长过程中，这种鼓励和表扬会让孩子内心更好地学会接纳自己，获得成就感和荣誉感，拥有自尊心，进而取得更大的进步。

作为父母，我们给予孩子的认可、陪伴、支持等都将推动孩子完成内在价值感从低到高的自我调整。而积极的价值感让孩子更加自信、自尊、自强。

## 父母要考虑而非替代孩子的感受

有一部热播剧叫《大考》。在剧中，梁静扮演的妈妈董碧华和荣梓杉饰演的儿子吴家俊之间的相处模式给我留下了非常深刻的印象，也让很多观众大呼"太真实了"。

平常，董碧华动不动就贬低吴家俊的梦想，拿儿子和别的孩子做比较，着急了甚至还会直接打儿子一巴掌……

她的言语和行为，都在吴家俊幼小的自尊心上刻下了一道道伤疤。

终于，吴家俊实在忍无可忍："你为了我好，就什么都可以说吗？什么都可以做吗？你有考虑过我的感受吗？我是有自尊心的。"

我们或许还看到过这样的一些场景：

一个小男孩不小心摔了一跤，疼得哭了起来，这时爸爸在一旁说道："不疼不疼，肯定不疼，不许哭。有什么好哭的，你是男子汉大丈夫，男儿有泪不轻弹。"

很显然，这位父亲在用自己的感受、体验去否定和替代孩子内心真实的感受和体验，而且自认为这种做法是一种正确的教育，要求孩子无条件服从和接受，这些经常发生在家庭教育中的现象，在心理学上被称为否定感受。

有研究发现，在父母回应孩子的话语中，竟有44%的语言在否定孩子的感受，这是一个应该引起我们深思的可怕现象。

蒙氏教育开创者、意大利的教育家玛丽亚·蒙台梭利（Maria Montessori）曾说："每种性格缺陷，都是由儿童早期经受的某种错误对待造成的。"经常被打击被否定的孩子，内心会产生强烈的羞耻感和罪恶感，自尊水平会变得越来越低，进而产生"我什么都不行"的想法。这种想法一旦根深蒂固，孩子就容易变得自卑，不敢直面挑战。

### 不做横向评价

父母不要对孩子说："妹妹已经会数数了，你还不会，你可真笨！"哪怕他真的比别的孩子学得慢一些，也不要拿比他强的孩子和他比较，这样很容易挫败孩子的自信。

不用别人家的孩子作为评判标准，不要随意比较。我们不能拿自己孩子的缺点来比别人家孩子的优点，这样无异于给孩子当头一棒，让孩子失去自信，当然也失去了自尊心。

**不说伤害性的语言**

我们有不少的父母在看到孩子淘气或犯错时，习惯性地会训斥、吼叫孩子，恶言恶语，腔调里尽显刻薄，全是伤害孩子的语言。

- "是猪吗？猪都比你聪明，你就不是学习的料。"
- "这次怎么又考那么差，你真是废物！"
- "真是又懒又馋，我怎么养了你？"

想想看，身为父母的你，是否曾经对孩子也是如此？童年时候的你，是否也受到过如此的待遇？

孩子的生活态度是积极还是消极，全在父母对孩子的话语之间。好的父母嘴上都有一条"拉链"，从不会对孩子随心所欲地说话。

童话大王郑渊洁也指出，家长绝对不能对孩子做的事一味地贬低。因为，欣赏能让孩子长成参天大树，贬低能让孩子枯萎畸形。

**不人前教子**

古语说"人前教子，背后教妻"。

这种教育观点长期存在在中国人的观念中，根深蒂固。于是越是人多的时候，很多家长对孩子不满意，情绪一上来，常常不分场合就开始教训孩子。这个时候，人的大脑被愤怒所充斥，甚至当众羞辱孩子，重重地挫伤他的自尊心，让他记住教训。但殊不知，父母的一句无意的话，都有可能让孩子内伤很久。像这些伤害孩子自尊心的事情，如果你正在做，那就赶紧住手吧。

我国现代思想家、文学家、哲学家胡适先生曾在回忆母亲的家庭教育时讲道："母亲管束我甚严，她是慈母兼任严父。但她从来不在别人面前骂我一句、打我一下。"

批评孩子，最好是关起门来，单独和孩子在一起时再批评。家长懂得给孩子留面子，保护他的自尊心，教育才能发挥出更好的效果。

## 让孩子有自我决定权

孩子不仅仅是一个"小孩"，父母要把孩子看成一个个体，一个独立的人，不要把他当成自己附属的一部分。

### 让孩子能够自主生活

自我负责，是自尊的又一表现。在孩子的能力范围内，让孩子自己做主。渐渐地，孩子就会形成较高的自尊心。

## 第7章 尊重孩子是教育的底线

有一位妈妈，任何事情都希望孩子按照她的想法去做。她对孩子说："你说的都是错的，因为我吃过的盐比你吃过的饭都多，你肯定要听我的！"但是，这位妈妈是否想过，这样的孩子会有自尊吗？

另外一位妈妈，她觉得孩子吃饭没吃饱，就要给他盛饭；粥太烫了，她帮孩子吹吹；孩子吃得不干净，她亲自给孩子喂饭；妈妈看孩子穿衣服太少了，怕他被冻着，主动给孩子加衣服。这位妈妈，几乎包办了孩子的一切。你觉得像这样的孩子，他能够建立起自尊吗？

当然不能，孩子可能根本就没有机会去自己尝试挑战，拥有完成挑战之后的成就感。每个人只有能独立自主地做事，做成事之后拥有了成就感，他才会逐渐建立自信和自尊心。

父母周末想带孩子出游，可以先征求一下他的意见："你想去动物园还是博物馆"，给他选择的范围，让孩子自己做选择，增添他的自主感。

美国心理学家爱德华·L.德西认为，真正的自主意味着人们的行为来自自己的真正选择，意味着人们在行动中被真正的自我掌控。而一个人的幸福是来自真正的自主。

157

孩子的成才之路
写给父母的教育心理学

**让孩子拥有自己的生活空间**

在热播剧《大考》中,有几个场景给我留下了非常深刻的印象:

有一次,儿子吴家俊将房门反锁,妈妈董碧华发现后,又把他训斥了一顿。于是,为了更好监督儿子的学习,居然拿电钻拆掉了房间门锁。

妈妈董碧华甚至不顾家人的反对,辞掉酒店经理的工作,在家照顾儿子备战高考。因为担心儿子偷偷利用学习时间画画,董碧华时不时就闯入儿子房间,来个突击检查,甚至毁掉了吴家俊精心准备了好几个月的比赛作品……妈妈董碧华嘴上说的是照顾,但儿子吴家俊实际感受到的不是妈妈的爱,而是来自妈妈无孔不入的"监视"。董碧华越是控制,吴家俊越想逃离,最后"母子大战"爆发,儿子离家出走,最后爸爸带儿子去奶奶家待了一段时间。

在大多数家庭里,孩子都有自己的房间。即使条件不允许,也能由孩子选定、创造出空间来,如一个角落、一个帐篷、一个读书角……

这个空间是孩子的,就由孩子做主,但要和家长一起遵守公共规范。也就是说,孩子可以自由自在地装扮自己的空间,在自己的空间玩耍、休憩,同时也要负责保持一定的清洁。

家长需要做的是，让孩子拥有自由支配的时间和空间，以及孩子交友的空间。这种尊重将给予孩子主权和主见，对培养孩子的独立性和自主能力会帮助很大，也很好地维护了孩子的自尊。

意志篇

# 让孩子成为他自己

## 读懂需要，顺势而为

父母读懂孩子，才能有效教育孩子。

教育的价值，是培养人格完整的幸福的人，让孩子具有独立的人格。只有满足孩子内心对胜任、联结和自主的心理需要，孩子才能产生内在动机，保持对学习和工作的兴趣，过上真正自主和幸福的生活。

心理学认为，焦虑来源于对不确定性的恐惧。育儿焦虑，则是父母对孩子成长不确定性的担忧。为了消除这种担忧，父母总是忍不住要为孩子设计人生，并要求孩子不能有丝毫偏离。这种设计和控制的意识，不仅使父母自己在育儿焦虑的泥潭中越陷越深，而且使亲子关系陷入僵局。我认为，生命成长有其不确定性，但父母通过对孩子成长规律的共性掌握以及对孩子自身特点的了解，可以在成长的不确定性中寻找确定性。我们要读懂孩子的内心需要，按照人的发展规律养育，支持孩子的成长，让他走向自我实现。父母陪孩子一起成长的同时，享受孩子成长带来的快乐。

胡适在给儿子的信中写道：

我并不是你的前传，

你也不是我的续篇。

你是独立的个体，

是与我不同的灵魂；

你并不因我而来，

你是因对生命的渴望而来。

你是自由的，

我是爱你的；

但我绝不会"以爱之名"，去掌控你的人生。

很多人把上名校当作家庭、父母、孩子成功的典范，而最好的教育是帮助孩子成为他自己。让孩子做自己想做的事，学自己想学的东西，让每个人找到自己的强项，成为更好的自己才最幸福。

我把我非常喜欢的一段话送给大家：

在孩子需要父母爱时，父母满足孩子；在孩子不需要父母爱时，父母给孩子自由，让孩子在父母的呵护下自由地发展，成长为属于孩子自己的样子，而不是成长为父母期待的样子。成为孩子自己，才是生命本来的样子。

我们家长作为教育者，要了解儿童心理发展的一般规律，然后去顺应规律。而不是只从我们自己操作方便的角度，不去考虑孩子的感受，违背他的心理发展的规律。如果我们去强行操作，对孩子是不利的。

苏联教育家苏霍姆林斯基曾说："儿童成长过程中所尝试做的事情，就应该让他们去做，给孩子一个自由发展的环境，以帮助孩子更好地成长。"所以，父母做得太多，会阻碍孩子的成长；相反，父母适度放手，成全的却是孩子自由的高飞。

# 第8章
# 读懂孩子身心成长的特点和规律

## 读懂孩子身心成长的阶段性和连续性

美国著名心理学家埃里克·H.埃里克森（Erik H. Erikson）认为，发展变化贯穿我们的生命全程，人的自我发展共经历了八个不同的阶段，其中每一阶段的发展都有其核心任务与成长危机。这些核心任务的顺利完成及成长危机的顺利解决，对一个人的自我成长至关重要。

发展不是社会与环境对儿童所做的事情，而是儿童在环境的支持和滋养下主动做的事情。因此，家庭教育的目的是为了激发和引导孩子的自我发展。

在这个八个阶段中，前五个阶段属于儿童成长和接受教育的时期。让我们来一一探讨0~18岁孩子各年龄阶段心理发展的特点，以及孩子的心理需要。作为家长，我们要了解孩子的成长规律，更好的满足孩子的需要，帮助孩子更好的健康成长。

## 婴儿前期（0~1岁）：信任 vs 怀疑阶段

孩子出生后到一岁之前为婴儿前期，此期小儿以乳汁为主要食品，又称乳儿期。在此阶段，宝宝的生长发育最迅速，是生长发育最快的第一个时期。在这一年中，小婴儿有各种不同的需要，而且完全依赖父母和其他的照顾者来满足。

通过对孩子的精心抚养，反复接触，使孩子渐渐熟悉了抚养人的身影、声音等，孩子对抚养人给予的帮助和快乐渐渐会产生感情，这时孩子的第一反应就是"认人"，产生信任与依恋。

婴儿期是安全感形成的重要阶段，教育方向是帮助孩子形成基本的信任感，在后续的人格发展中慢慢形成"希望"这一品质。

### 一个主要的发展任务：获得信任感

在婴儿期，主要是满足宝宝的生理上的需要。婴儿生下来是孤独脆弱的，只有依靠成人才能生存。这时候，对孩子需求的持续回应，就成为婴儿建立最初的信任和安全感的基础。孩子的哭闹，实际上就是需求的表达，父母要识别哭声，及时满足他的需求，才能建立孩子对人和周围环境的信任。

这个阶段发展的关键，是婴儿发展与看护者之间的依恋与信任关系。最初的安全感和信任感，是影响一生的基本信念。

### 不同的教育结果

积极结果

当婴儿有了需求，看护者要及时满足他的需求。婴儿从生理需要的满足中，体验着身体的康宁，感到了安全后便对周围环境产生一种基本信任感。积极的看护，有助于婴儿学会信任父母或主要看护人员，认为人和环境可以信任的。

消极结果

如果消极看护，对孩子的需求缺乏回应或不能被满足，婴儿就会产生焦虑和愤怒："我重要吗？有人爱我吗？这个世界安全吗？值得信任吗？"婴儿会对自己和环境产生怀疑和不安全感。

### 父母怎么办

尽力满足孩子的需要

婴儿的主要生长环境是家庭，此时孩子最需要的是从环境支持中感受到信任。

有需求要及时满足，因为婴儿的需求都是生理性的，父母要无条件满足，不要立任何规则。

这个时期，影响婴儿发展的关键是母亲。教育责任主要在抚养人，也就是母亲。

### 注意自己的情绪

母亲的情绪能被孩子感知，他会认为是自己的原因，是他的存在让妈妈不开心。所以产后抑郁或心情不好的妈妈，要及时调整好情绪，尽量保持开心的情绪状态。

### 多和孩子交流互动

父母和孩子多说话，眼神及表情的交流，与孩子做肢体上的互动。

妈妈可以选择宝宝在清醒状态时，给宝宝做四肢运动体操。先打开一段有节奏的音乐，音量要适中。再让宝宝躺在铺好垫子的硬板床上，妈妈双手轻轻握住宝宝的手或脚，跟着音节节拍轻轻移动宝宝的胳膊和腿，使宝宝感到舒适、愉快。每次 2~3 分钟。

## 婴儿后期（1~3 岁）：自主 vs 羞怯阶段

孩子学走路一般是在 11 个月到 13 个月左右，为了预防发生意外事故，父母要打造安全的生活环境。

这一阶段，儿童掌握了大量的技能，如爬、走、说话等。更重要的是他们学会了怎样坚持或放弃，也就是说儿童开始"有意志"地决定做什么或不做什么。2~3岁是人生的第一个叛逆期，称为"宝宝叛逆期"，其心理是以自我为中心，不喜欢被指挥、被使唤。宝宝是为了寻求自主性，追求身体的自主，要自己吃饭、自己走路，"自己的事情自己做"。

### 一个主要的发展任务：获得自主感

大多数的孩子一岁左右开始说话和走路，也有了自我意识，他们开始察觉到自己的独立自主性，比如"这是我的东西""我想做什么"。

两岁左右，孩子的第一个叛逆期出现了。妈妈感觉到孩子突然有了自己的主意，突然就不听话了，突然有了自己的主见。宝宝有了掌控自己的感觉，自己决定做什么和不做什么。这个阶段的宝宝有一个共同的行为模式，就是一切要自己来：自己吃饭，自己穿衣，自己拿东西，但是他们几乎不能把大部分的事情做得很好。自己倒水却洒在身上，自己吃饭却把食物掉了一地，自己拿东西却摔了一跤。爸爸妈妈多半会说"你还小，还是我帮你拿""我喂你吃吧"。

此阶段的孩子，自我意识萌发，进入探索期，开始所谓的"叛逆"。他可以自由支配身体，摆弄物品，去想去的地方，并且学习用"我""不"来强调自我，反抗控制。三岁以前的孩子在建立自主性的过程中，凡事都想自己动手去做，但由于各方面发育还不成熟，很多事情都不能尽如人意。父母应该多鼓励他完成，而不是批评他做得不好。

埃里克森认为，应该让孩子自由地去探索、去发挥他自己。如果父母经常对孩子说"不"，他就会怀疑自己的行为，产生羞怯感。

## 不同的教育结果

### 积极结果

在安全之内，父母应给予孩子一定程度的自主性，在有限的范围之内让孩子自由，就让孩子获得了有安全感的自主性：知道我可以做什么，不可以做什么，我有支配自己、主导自己行为的权利。父母建立适当的安全规则给予界限，又要保护孩子的好奇与探索精神，帮助孩子建立基本的价值感，就会形成有意志力的美德。

### 消极结果

如果父母对孩子过分保护或者过分严厉，处处限制孩子的探索和自主性甚至责罚，孩子就会产生怀疑进而羞怯，处处依赖成人的吩咐，无法建立自主的美德。

## 第8章 读懂孩子身心成长的特点和规律

### 父母怎么办

**打造安全的环境**

一岁左右的孩子也称为学步儿,他们经常东摸摸、西碰碰。不管桌子上放着多么贵重的东西,他都会一把抓过去。如果卧室里边放剪子,他也会拿起来玩。因此,父母要打造一个安全的生活环境。

**鼓励孩子正确表达自己的情绪**

面对孩子的负面情绪,父母要积极引导采取正确的表达方式。有两个关键点:一是让孩子敢于说出自己的情绪,二是引导孩子善于说出情绪。比如,"宝宝现在是不是很生气呀?"如果孩子说是,父母可以接着问"因为什么呀"。

**鼓励孩子独立自主**

父母开始学会放手,鼓励和支持孩子去做力所能及的事情。

**设立安全箱**

孩子不愿分享玩具,家长也不要强迫,帮他设立一个安全箱。在入幼儿园之前,在家练习孩子的物品归他自己管,从而帮助孩子建立安全感。有"物权"概念的孩子,会有很强的安全感。

## 幼儿期（3~6岁）：主动 vs 内疚阶段

这一阶段的孩子精力旺盛，能自如地运用身体和大脑去想象、探索，目的性明确，经常尝试着做一些超出自己能力的事。他们的目标或行为常和父母的要求发生冲突，如果父母能积极支持和引导，就会发展出更多的主动性；否则，孩子就会感到内疚。

**一个主要的发展任务：获得主动感**

如果对幼儿的好奇心以及表现出的主动探究行为给予鼓励和支持，对他的想象力和创造性给予保护，创造一个正面积极地环境，幼儿就会形成主动性，这为他将来成为一个有责任感、有创造力的人奠定了基础。

**不同的教育结果**

积极结果

孩子在各种能力上都有展现，有无限的好奇、无限的乐趣，他开始主动探索世界。对于孩子的好奇心、想法和做法，如果父母给予鼓励和支持，他的主动性就会得到发展。

消极结果

如果父母讥笑孩子的创造力和想象力，抑或经常批评和禁止孩子，那么孩子的主动性被压抑，他会对自己的行为和想法产生内疚感。

**父母怎么办**

鼓励孩子发挥自己的想法

3~6岁的孩子有许多自己的想法，也尝试着去实践。孩子开始主动地探索世界，他们去看、听、闻，通过手和身体去触摸，去感受。父母最重要的任务是帮助他们对身边的人、事、物采取主动的行为，允许他们自由发挥自己的想法，用自己的方式表达。但是，父母要改变危险的不利环境，保证环境安全，鼓励他做事，这样的行为才能持续下去。

埃里克森认为，孩子在这个阶段，很喜欢给大人帮忙，他们想对环境采取主动，产生好的影响。不要因为孩子不会做，父母就帮他做。而是要鼓励孩子，让他继续采取主动，这才是父母该做的。

在游戏和运动中获得快乐

游戏是幼儿的基本活动，幼儿通过游戏和运动获得极大的乐趣，在游戏和运动中感受快乐，能够增进幼儿健康快乐地成长。

自己的事情自己做，在家务中获得责任感

孩子可以自己穿衣服、吃饭，他也愿意为大人做一些事情，比如给妈妈系鞋带、给爸爸倒水、帮忙拿东西、擦桌子等。在这个阶段，父母要允许孩子做一些家务，并支持孩子想要帮忙的行为方式。这样会有助于孩子获得责任感，建立其自信心，更有助于他们保持主动性。

**在阅读及做数字游戏过程中获得学习兴趣**

如何让孩子获得学习兴趣？在幼儿阶段，父母的亲子阅读，每天晚上读故事给孩子听，尤其是在爸爸妈妈的怀抱里，更能使他开心，获得学习的乐趣。

数数是幼儿最喜欢玩的思维游戏，一般 2～3 岁的幼儿开始数数、组合、分配事务，就是"数感"学习的早期形态。父母可以找一些亲子数字游戏，比如舒尔特方格卡牌、扑克牌、数字填充游戏等，以激发孩子的数学思维，培养其"数"的兴趣。

**在整理玩具、按时吃饭和睡觉中获得规则意识**

孩子玩完玩具后，学会收拾玩具，把它们放到固定的箱子里。孩子按时吃饭、按时睡觉，在起居有常中学会规则。

**设立反省区**

孩子犯了错误，有时他并不知道错在哪里，我们可以让他去反省区单独待一会儿，或自己拍拍头，轻声说"让我想想"。家长也要指导他应该怎么做会更好，让孩子从纠错中成长，学会反省。

## 童年期（6~12岁）：勤奋 vs 自卑阶段

7~9岁左右的孩子来到第二次叛逆期，称为"儿童叛逆期"，即俗话说的"七岁八岁惹狗嫌"。孩子开始对世界有一种懵懂的概念，并逐渐形成自己的主见。孩子容易情绪过激，会有不听话、唱反调、挑战父母底线等行为。因此，在家长眼里他就变得淘气、不听话。

这一阶段的孩子进入学校学习，学校训练儿童适应社会、掌握今后生活所必需的知识和技能。他们的能力也日益发展，参加的活动已经扩展到学校以外的社会。这时候，对他们影响最大的已经不是父母，而是老师、同学或玩伴。这个时候如果能够处理好与老师、同学的关系，获得他们的认同和鼓励，将对孩子自信心的建立有比较大的帮助。

**一个主要的发展任务：获得勤奋感**

这一时期正是小学教育阶段，是自我发展最关键的时期。孩子在求学过程中，必须学会适应学校的生活，遵守学校的规章制度，在学习和各项活动中达到一定的标准。孩子只有勤奋学习、努力进取，才能学会他要掌握的知识和技能，体验到成功感。

## 不同的教育结果

### 积极结果

如果能顺利完成学业，孩子则能培养出勤奋感，他能主动地完成学习任务，专注、持续、高质地达到目标，使他对今后的学习、工作充满信心。

### 消极结果

如果孩子没有形成这种勤奋感，则会对自己今后成为对社会有用的一员的能力丧失信心，产生自卑感和无能感。

## 父母怎么办

### 积极培养孩子的学习兴趣

对于学习兴趣的培养，父母应尽量让孩子自主选择。如果孩子表示不喜欢，父母可以和孩子商量。询问孩子是否有别的爱好等，沿着孩子的兴趣方向培养，孩子高兴，父母也轻松。

这样孩子的学习动机才会增强，才能收到更好的学习效果，孩子才会体会到勤奋感。

孩子喜欢游泳、舞蹈、画画都可以参加，还可以安排考级。在考级过程中，可以使孩子有成就感。孩子感到自己的努力是有用的，可以让他在以后遇到困难的时候，相信自己是可以解决的。

### 学会肯定和表扬

父母多关注孩子的优势,学会肯定和表扬。

### 遇事要民主

要允许孩子说"不",当孩子说"不"的时候,父母不要第一时间去反驳,让他完整地表达出来,父母要允许孩子不同意见的存在,他才会对父母多一分信任。

父母可以让他参与到家庭事务中一起做决定,比如家中购买大件物品时,可以问问他的意见,或者家里安排出游时也可以征求他的想法,要让他感觉到被尊重、被重视,这样他可以平和地表达出自己的需求和意见。

### 在挫折中学会面对困难,解决问题和求助

父母学会适当放手,让孩子学会如何做。在孩子遇到各种困难时,父母要学会引导和协助,不要代劳。孩子遇到问题请求帮助时,父母可以和孩子共同商量,一起想办法。让孩子学会整合资源、求助。

### 在校园中学会适应规则

如果孩子遇到校园欺凌或被排斥,父母要引起注意,一定要及时发现,及时解决。要选择相信孩子,去学校向老师了解情况。在孩子回家后,父母要观察孩子的情绪。如果孩子情绪低落或身体上

有伤痕,都可能有这种情况发生。

## 青春期(12~18岁):自我认同 vs 角色混乱阶段

12~18岁是孩子第三次叛逆期,孩子追求精神上的自主,这是大家最常见、熟知的青春叛逆期。如果控制不好,"坑爹"事情常有发生。

这一阶段的孩子迫切要求了解自我,要求形成一个真正的而不是附属于别人的独立的自我。在对自我的探索过程中,如果孩子能将自己在各个方面想要承担的角色统一起来,就会顺利地度过青春期;否则,他就会感到迷茫、痛苦,出现角色混乱的情况。

埃里克森认为,同一性是一种熟悉自身的感觉、一种知道个人未来目标的感觉、一种从他信赖的人身上获得所期待的认可的内在自信,他们将别人的评价与自身的感觉相比较,在这一级阶段寻找着"同一性"。

### 一个主要的发展任务:自我认同

青春期里的叛逆总体表现为"我自己的事情我要自己决定",这个叛逆主要是为了获得角色的同一性。青春期的孩子在寻找自我,他要知道"我是谁""我要成为什么样的人""我是什么样的人",意识到自我的独特性,获得自我认同是他这个阶段的任务。

## 不同的教育结果

### 积极结果

如果父母能正视这个时期的心理过程,并且帮助孩子找到了满意的结果,那么孩子就会发展出"忠诚"的品质。这里的忠诚不是忠心耿耿的意思,而是忠于自我、忠于本心、顺着内心的指引,而不是外部的期待生活。

### 消极结果

如果在之前的阶段里,父母对孩子消极的影响大于积极的影响,等到了青春期,父母可以看到孩子的问题会集中爆发,导致孩子的自我混乱。严重时,他们反叛,对抗社会,消极生活,甚至不珍惜生命。

## 父母怎么办

### 平等和尊重

孩子长大了,父母要尊重孩子,要把孩子当作一个"人"来平等对待。

### 保持亲子沟通顺畅

父母要学会换位思考,有同理心。亲子沟通顺畅的前提是父母学会倾听,就是用心去听、积极地听。

### 不要过多干涉孩子的自由

孩子 12 岁以后，父母要给他自由选择的权力，做到"不求不助，有求必助"。

### 少分责怪、多分体谅，多点关心、多点陪伴

青春期是疾风骤雨的时期，孩子的学业压力很大，情绪也容易波动。这时，父母要多体谅、多关心他。如果彼此产生了激烈的冲突，父母要学会按下暂停键，让孩子冷静一下。很多时候，孩子一觉醒来情绪就好了，冲突也就过去了。

### 耐受焦虑，向外求助

孩子到了青春期，父母要耐受焦虑。遇到孩子的棘手问题，父母要有向外求助的能力，即向长辈、朋友或专业人士咨询。

## 读懂孩子成长发展中的关键期

人的大脑有自己的发育时间表，错过黄金期，孩子在以后的发展中可能要花费更多的精力学习。这个黄金期就是"关键期"，关键期又被称为最佳期、敏感期，是指人比其他时候都容易获得新行为模式的发展阶段。

关键期也被称为儿童发展过程中的"机会之窗"，只要在该时

期提供丰富的、适宜的刺激,鼓励孩子探索,就能较好地开发孩子的潜能。每一个孩子都可以成为某个方面的天才,而最为重要的是,抓住关键期进行教育。尤其是学前教育重在心智启蒙,激活学习天赋,夯实智能基础。广义的学前教育是从0岁开始,是孩子身心自我成长期,重在遗传和经验引导,通过养育和心智启蒙,推进孩子由生物人向社会人转变。教育的重点是开发八大智能,发现与培养孩子的潜能。

## 开启孩子的空间智能之窗

### 0~2.5岁:婴儿的视觉发育敏感期

0~6个月的婴儿是其视觉发育的重要时期。婴儿对光线明暗对比非常敏感,父母可以让他自然适应光线的变化:白天拉开窗帘,让孩子感受阳光;晚上关灯睡觉,让他感受黑暗。这个时候,父母可以用黑白两色的东西吸引孩子的注意力,从而促进宝宝视觉神经系统及大脑的发育。

7~12个月的婴儿开始进入彩色世界,他们的视觉神经对彩色的东西极为敏感,这个时候父母要重点对孩子进行色彩感知度和认识度的培养。

### 2~3岁：空间感发展关键期

空间感是幼儿认识自己和周围的事物，并判断人和事物之间空间和距离的关系的感知，一般在孩子1岁前出现，如喜欢探索空间。最早表现为爬、抓、移动物体等，稍大一点后则表现为喜欢爬高、旋转、扔东西等。父母在这个阶段对于孩子的引导是很重要的，在做好适当的防护工作的前提下，父母应尽量地配合孩子的探索行为。

这个时期的孩子形象视觉发展最迅速，一般都喜欢"上公园""出去玩"，这是因为那里有丰富的自然风光、鲜明的画面。除了多带孩子进行户外活动，在室内时，父母还要让他多看绘本，以开阔孩子的视野。

### 3~4岁：色彩敏感期

刚出生时，孩子只能看到黑和白两种颜色；到1岁时，他能够辨认红色；到2岁时，他可以掌握黄、绿、蓝三种颜色；到3岁时，他能够识别紫色、粉色等复合颜色。从3岁开始，孩子对色彩产生了感觉和认识，开始在生活中不断寻找不同的色彩，并尝试使用和搭配（如选择玩具、衣服的颜色等）。

人类认知的发展正是从感觉训练开始的。在这个时期，父母应为孩子提供多彩的颜料及相关书籍，为孩子日后产生绘画兴趣奠定基础。孩子从两岁多开始，父母就可以和他一起玩颜色，让他在涂涂画画中培养色彩感觉，同时也能更好地培养他的绘画兴趣。

## 开启孩子的音乐智能之窗

### 0~3岁：对孩子进行音乐启蒙

音乐启蒙绝不等于让孩子学习一样乐器、唱几首歌曲或学会几个在人们面前表演的节目。孩子对于音乐的感知会经过一个"对声音好奇－倾听好听的声音－探索和发现各种声音－感受与欣赏音乐作品"的过程。音乐启蒙对幼儿来说，一是促进其听觉能力的发展；二是以音乐陶冶其性情，调节其情绪，丰富其情感；三是帮助他形成良好的乐感。

### 3~5岁：音乐能力发展的关键期

这段时间是孩子开始感受节律和旋律最关键的时期，同时也是孩子自己制造旋律和节律的关键期。

一是让孩子多听听古今中外的名曲，多参加音乐活动。有研究指出，五岁前是"练耳"的关键期。音乐是一门听觉艺术，如果父母抓住关键期，为孩子提供相应的音感训练，包括让他们更多地感受音色、音调和节奏等，就更有助于孩子日后在音乐方面有更好的发展。有能力为孩子营造良好的音乐启蒙环境的父母，可以在家中陪孩子聆听不同类型的音乐，培养孩子的乐感。

二是可以让孩子选择学习一种乐器。大多数三岁左右的孩子已经能相当灵活地应用双手，足以弹奏钢琴。有研究表明，上钢琴课的三岁或四岁的儿童在完成时空任务上的表现，远远超过未受乐器训练的同龄儿童。

### 音乐的敏感期呈现出螺旋状发展过程

观察发现，孩子对音乐反应一般呈现如下年龄特征。

- 孩子在妈妈的肚子里就开始了听觉的发展。英国莱斯特大学心理学院的音乐研究小组发表了一篇心理研究报告，报告中指出婴儿可以记住出生前三个月内听到的音乐。
- 1岁多就能够跟着音乐的节奏扭动自己的身体。
- 2岁时能把握好节奏。
- 3～4岁时开始对简单而重复的旋律感兴趣。
- 5～6岁时能选择自己喜欢的音乐并自发用肢体语言表达较为复杂的旋律。
- 6～8岁时能体验音乐带给他们的美妙感受，某些孩子会因此流泪，或是深深沉浸在音乐中。

## 开启孩子的身体运动智能之窗

我国民间有"三翻六坐八爬十二走"的说法,说的是婴儿什么时候学会翻身、坐、翻滚、爬行、走路等大动作。婴儿在三个月的时候发育出自主翻身的能力;六个月的时候,他自主发育出可以起身坐直的能力;八个月的时候,他发育出独立爬行的能力;12个月左右,他发育出独立行走的能力。

### 动手的敏感期

0~2.5岁,孩子在抓、捏、扔的过程中锻炼手指。大概六七个月的时候,孩子将经历手的敏感期。在手的敏感期,孩子会运用他的手去破坏各种各样的东西,比如看到了东西就会扔掉,看到卫生纸也会撕掉,看到东西就会用手去抓,将整个房间都弄得乱乱的。不管是什么,他都想去摸一摸、抓一抓,还要尝一尝。

3~4岁是孩子动手剪、贴、涂的敏感期。孩子的动手能力强,对剪刀、画笔、胶水等工具爱不释手。孩子开始真正有意识地使用工具,此时也是大多数孩子建构专注品格的最好机会。无论在幼儿园还是在家里,只要有充足的材料,孩子们就非常乐意选择剪、贴、涂等这些活动。从身体发展的角度来看,这些活动有助于孩子训练小手肌肉和手眼协调。

由于幼儿的大脑还没有发育完全,他们的思考是借助手、脚、眼睛来完成的，其中最重要的是手，而大脑的发展要通过手的活动来完成，就好像手是从大脑中生出来一样。可以说，手是大脑的延伸。大部分成人会理解儿童动手仅仅是为了练习手的功能，但本质上儿童动手就是在动脑。儿童在不断地使用手抓、捏、拍各种东西，越使劲，手的能力就越强，其实相对应的思考能力也越强。

3~7岁是儿童精细动作发展的关键阶段，此时对手的锻炼非常重要，错过了手的敏感期，不但影响孩子的动手能力、精细动作，而且会影响大脑思维。灵巧的双手和聪慧的头脑往往紧密相连。

### 行走的敏感期

大概从7个月开始出现，孩子会用爬行的方式带动腿和手的协调运动，这也增加了腿、手的肌肉力量和运动神经的控制能力，为后来的行走奠定基础。10~12个月的孩子是站立的关键期，他们抓着东西就会站立，最喜欢的就是牵着大人的手站立，似乎这样最有安全感。

当孩子把所有注意力都放在"行走"上，他们会喜欢不停地走，即使走不稳也愿意不断地尝试，这就说明他们的行走敏感期到来了。在每个孩子的成长过程中都会出现这样一个规律：从最初的需要父母拉着手走，到独立行走，到上下坡、爬楼梯，再到专门走不平的地方。

大多数的孩子在1岁左右开始走路。照顾这个时期的孩子最具挑战性，他们需要运动，需要探索自己的身体以变得更强壮、更有能力。他们需要探索极限，看看世界是如何运转的。由于学步儿童技能不足，他们还没有形成保护自己的意识，因此孩子需要有人全天候照料，事无巨细，这对父母来说是非常大的挑战。

## 开启孩子的语言智能之窗

### 0~2岁：听觉敏感期

耳聋的孩子如果在1岁之内被发现了，并佩戴助听器，他就会聋而不哑，学会正常的发音；如果在1岁以后才开始采取措施，孩子学习发音就会很困难。这也是在早期教育中为什么一直提倡父母要多和婴儿说话，不要认为他听不懂、不会说而少说，反而这个时期孩子对于语言的吸收性非常强。

0~1岁是分辨语音的敏感期。理解先于表达，一定要多面对面交流。1~2岁是理解词义的敏感期，父母与孩子的对话一定是当下情境中发生的内容，要边做边说。

### 2~3岁：学习口头语言的第一关键期

父母在此期间应尽力为孩子创造有利的语言环境：第一，父母要经常和孩子说话、问他们问题，鼓励孩子多说，以提高孩子的理解和表达能力；第二，与孩子对话时应给予正确的引导，用完整、标准的语句来教孩子正确说话，尽量少用叠词，比如"吃饭饭""玩车车"等；第三，给孩子的语言刺激要尽量丰富，以促进孩子语言能力的发展，不要一直用简短的语句。比如，不只说"看气球"，可以说"看那些五颜六色的气球"。

另外，父母平时可以多给孩子讲故事，并通过朗读儿歌、看图说话来丰富孩子的词汇；同时，让孩子广泛接触周围的人和事，多练习说话。

### 3~6岁：孩子语言发展的第二关键期

这个时候，父母要经常和孩子说话、讲故事，向孩子提问，鼓励孩子多说，提高孩子的理解和表达能力。

### 3.5~6岁：儿童阅读兴趣的关键期

我们并不是说四岁开始就让孩子阅读文字，而是让他看带图画的绘本。父母可以坐下来和孩子一起阅读绘本，每天晚上一边读故事给孩子听，一边让孩子用手指指着文字。如果这时孩子开始对读书感兴趣了，等他上学之后就会对文字阅读各方面感兴趣。

## 5~14岁：黄金阅读期

6岁左右，儿童开始看图识字，这一阶段是孩子的阅读启蒙敏感期；5~7岁的孩子会进入大量识字的阶段；8~10岁的孩子会步入自由流畅阅读的阶段。在经历了幼儿期识字、由图向文字的转变、初步建立阅读兴趣的基础后，在小学中年级（3~4年级），孩子会进入他一生中第一个也是最重要的黄金阅读期。

## 4~6岁：孩子的书写敏感期

当孩子的书写敏感期出现的时候，家长要提供多种材料或者机会给孩子，比如给孩子准备各种材质的纸、画笔、蜡笔、水彩笔等。

## 3~12岁：学习外语的关键期

孩子在这个阶段如果进行一定强度的外语听说、背诵训练，并在小学阶段不断强化，他就会有很强的外语的读写能力。如果错过了这段时期，再开始学外语，就要付出多倍的努力。

## 开启孩子的数学逻辑智能之窗

### 3~5岁：掌握数学概念的敏感期

孩子到了四岁多时，总是喜欢问"这是几个""现在是几点了""有几个人"，这是因为孩子对数名、数量、数字产生了浓厚的兴趣。但是这时的孩子还不能完全理解逻辑问题，他们只是能够将数名、数字、数量配上对。这是孩子数学智能的最初发展，父母可以让孩子帮助家里买一些日用品，通过花钱提升其数字及经济管理能力。

### 4~6岁：逻辑推理能力迅速发展期

脑科学以及教育学的研究表明，4~6岁的孩子的逻辑推理能力将迎来一个迅速发展期。因此，在这个时期，父母对孩子数学思维的启蒙非常重要。在生活中，父母可以把随处可见的数学逻辑知识灌输给孩子。比如，父母可以同孩子开展"妈妈刚刚在超市买了几个苹果呀？宝宝回到家里吃掉一个，还剩几个苹果呢"类似场景化的对话。

## 开启孩子的人际交往智能之窗

### 0.5~2岁：婴儿与最早的抚养者形成情感依恋的关键期

从6~7个月起，婴儿开始对母亲的存在更为关切，表现为当和母亲在一起时特别高兴，而当母亲离开时则哭喊，不让其离开，会产生很深的分离焦虑，期待母亲重现。同时，他们对陌生人的存在感到焦虑，看到陌生人会害怕、排斥和哭闹。

三岁以前的孩子有没有得到应有的爱、有没有得到良好的情感沟通、有没有得到安全感，都会形成隐性记忆根植在他的内心。在孩子三岁以前，如果父母总觉得孩子还小，把孩子全权交给了家里老人或者保姆带，等孩子大了跟父母就不亲。如果父母抱怨孩子怎么这么难管，总是跟自己对着干，殊不知，原因就是在孩子三岁前他们没有给予足够的陪伴，没有跟孩子建立良好的亲子依恋关系。

### 2.5~4岁：交换是孩子人际关系的开端

这个时候，孩子的分享意识会非常的强烈，他会以食物和玩具为媒介，试图与他人建立亲密关系。比如，他会主动地说"你要吃零食吗，我有哦"或者"咱俩交换一下玩具吧，我这个消防车特别好玩"，这些都是孩子人际关系意识自然发展的一种表现，也是孩子成长的一种方式。

## 4~6岁：孩子形成人际关系的关键期

这一阶段的孩子可能从交换玩具和食物开始，到寻找志趣相投的伙伴并开始相互依恋，从和许多小朋友玩到只和一两个小朋友交往。孩子会自己经历人际交往的全过程，而这种交往智能是与生俱来的。

在这一阶段的孩子主要有以下表现：

- 上幼儿园以后有了自己的小群体；
- 回家会告诉爸爸妈妈自己的好朋友是谁；
- 自己最喜欢哪个老师；
- 愿意主动分享零食和玩具给小伙伴；
- 开始在语言或行为上讨好父母；
- 会因为和小伙伴相处不好而生闷气。

在与处在这一阶段的孩子进行沟通时，父母需要注意以下事项：

- 给孩子买可以分享的零食，鼓励孩子与朋友、同学一起分享；
- 培养孩子广泛的兴趣爱好，让孩子寻找到兴趣相同的好友；
- 邀请邻居或者同班同学来家里玩耍，积极参加伙伴的生日派对；
- 倾听孩子，关注但不过于刻意地引导孩子去结交不熟悉的朋友，给孩子选择朋友的自由；

- 鼓励孩子学会介绍自己，自由加入玩伴的游戏中。

## 开启孩子的自我认识智能之窗

### 2~3岁：自我意识敏感期

自我意识敏感期从2~3岁开始，表现为咬人、打人、说"不"等。孩子在自我意识敏感期，最喜欢说的两个词是"我的"和"不"，如"这个是我的""那个是我的""不吃饭""不睡觉"。孩子频繁使用"我的"来宣布自己对物品的所有权，也经常用"不"来坚持自我。

自我意识是所有敏感期中最重要的一个敏感期，因为孩子将来要成为什么样的人、他未来是不是很强大，首先就来自自我意识形成的敏感期。所以，确保孩子顺利度过这个自我意识形成的敏感期，也就为这个孩子未来健全人格的形成、能与他人和谐相处奠定了基础。

### 2.5~4岁：教孩子怎样做到有规矩的关键期

2.5~4岁是孩子遵守行为规范的关键期，又叫纪律关键期。父母在鼓励和支持孩子自主性的同时，不能没有底线，必须要告诉他什么能做、什么不能做，至少让孩子形成规则和安全意识。

### 3 岁以后：培养独立性的两个关键期

孩子三岁后，父母可以开始放手，让他自己的事情自己做，即"你能行"。对于青少年，家长要能放心，让孩子学会选择，即"你决定"。选择权越早交给青春期的孩子，他成熟得越快。此外，9~10 岁是孩子行动由注重后果过渡到注重动机的关键期。

## 开启孩子的自然观察智能之窗

### 1.5~4 岁：对细微事物感兴趣的敏感期

忙碌的父母常会忽略周围环境中的微小事物，但是孩子却常能捕捉到个中的奥秘。孩子常常会做出一些父母不理解的细微举动，比如捏起一片掉落的叶子不停地往花盆里插，或是摆弄着花手绢怎么看也不烦，我们弄不明白的事，他们却能从中看到更多的奥秘。这个时期正是我们培养孩子学会细致观察事物的好时机，可以让他带着疑问和想法去认知世界。

### 5~6 岁：观察大自然的敏感期

这个年龄段的孩子喜欢收集各种自然物，喜欢在家里、幼儿园里养蚕宝宝、乌龟、小兔子等小动物，喜欢探索自然界的奥秘。父母可以带孩子去户外探索大自然，让孩子尽情去接触动植物，和孩子一起观察、记录，培养孩子的探索精神和责任感。

### 12 岁前：处于跟自然联结的黄金敏感期

过了 12 岁，很多孩子就关闭了与自然亲近的感官通道，比如会表现出怕脏、怕麻烦、不愿意动手等。因此，孩子 12 岁之前都是发展孩子自然观察智能的好时机。父母可以引导孩子从观察身边的环境做起，学会独立地去看、去听、去闻、去辨别、去动手了解大自然，享受这一过程带来的乐趣，激发孩子们的求知欲，让孩子在日常生活中进行自然观察和动植物认知。

# 第9章
# 牵手和放手,读懂孩子的心理需要

马斯洛认为,如果个体最终要心平气和,作曲家就必须作曲,画家就必须画画,诗人就必须写诗。一个人能成为什么,就必须成为什么。这种需要就是自我实现,它指的是能够真正实现自己的潜能,成为一个人能够成为的样子。这样才能体现自身最大的价值,让自己感受到自我实现的成就感和愉悦感。人要在生活中发掘天赋,在天赋中发掘兴趣,在兴趣中自我实现。

马斯洛在写给石油大王洛克菲勒(Rockefeller)的信中说:

我敢肯定,你会发现,在我的研究发现中最具吸引力的是那些自我实现的人,也就是那些在安全感、归属感、情感、尊严和自由需求方面得到了满足的人。他们能够开发自己的潜力,实现自己的潜能,也就是我所说的自我实现。

潜能就是潜在的能量,原本具有却没有被开发的能力。马斯洛提出,一个健康人的主要动机是开发和利用自己的最大潜力和能力,每个人都有能力去实现自己所有的潜能。自我实现不仅是一种最终状态，也是在任何时候、在任何程度上发挥个人潜力的过程。自我实现就是要充分利用自己的智慧，可以是在钢琴键盘上的手指练习，可以是努力做好自己想做的事情。简单地说，人本主义理论认为，教育的功能、教育的目标最终是个体的"自我实现"，也就是说，要成为一个完整的人，成为一个全面的人。用非专业的话来说，就是帮助一个人成为他所能成为的最好的人。

对于家庭养育来说，最好的教育是帮助孩子成为他自己。让孩子做自己想做的事，学自己想学的技能，让每个孩子找到自己的天赋，在智能强项的基础上发展，成为更好的自己。正如人本主义心理学家卡尔·罗杰斯（Carl Rogers）所说："人天生就有自我实现的本能，只要所处的环境没有对其进行阻碍。"所以，家庭教育如养花：创造良好的环境，相信孩子的潜力和能力，关注陪伴，静待花开。

## 牵手，建立和谐的亲子关系

### 陪孩子一起成长

#### 爱的陪伴是给孩子最好的教育

父母的开学第一课，是从成为父母的那一刻起，学会做合格的父母。

## 第9章 牵手和放手，读懂孩子的心理需要

好的教育离不开用心陪伴。0~6岁是父母陪伴教育孩子的黄金有效期。在这期间，父母在孩子的心目中是无所不能的神，可以信赖、可以依靠、可以托付一切。

孩子六岁前也是心理发育最迅速的时期，是孩子性格养成的关键期。这个时期，父母传递给孩子的价值观、产生的影响是最深刻也是最直接的，这个时候父母给予孩子的教育，孩子会无条件地接受，并且能很快得到反馈。

同时，这个阶段也是孩子安全感形成的重要阶段。每个人从孩童时代起最需要的两个礼物就是安全感和确认自己的重要性。简而言之，就是爱和被爱的需求。我们在生命中所做的一切都是在追求这两种需求，我们所有的成就、地位都跟这两种需求相关。

情感的需求对孩子来说有多重要？

国外有一些高校会定期组织大学生到孤儿院拥抱、抚摸孤儿，结果孤儿每次被爱抚之后都表现得较为温和，原因就是孩子与生俱来就有被关注、被爱的心理需求。

如果孩子感到被忽略、不被重视，他就会感觉自尊心受到了伤害，而且越聪明、越敏感的孩子受到的伤害会越深。爱与被爱都是人的基本需求。尤其是当孩子小的时候，父母表现出的爱对于孩子将来成年后爱的能力影响深远。没有被父母"爱"过，孩子就不会"爱"别人，更不会被人"爱"。

### 陪伴的同时，父母与孩子共同成长

有人说，陪伴孩子成长也是父母的一场修行，因为在这个过程中，父母也在成长、成熟，在言传身教和自我约束中，父母也在不断进步、不断完善。所以，父母要坚持陪同孩子一起成长的理念。在孩子幼年阶段，父母是他的榜样；渐渐地，父母和孩子共同努力、奋斗；等孩子长大成人，父母才会有能力分享孩子的世界、走进孩子的世界，而不是跟孩子成了两个世界的人。

父母成长才能更好地陪伴孩子的成长。有的父母在孩子学习钢琴的过程中，自己也能弹几首曲子；有的父母学画画陶冶自己的情操；还有的父母重新捡起孩子的书本，跟孩子一起学习文化课。总之，父母不能停步不前，不要成为孩子成长的观望者，而应该伴随孩子一起成长。同时，父母更要启迪孩子低头奋斗的智慧，培养孩子抬头看天的情怀，塑造孩子阳光开放的心态。

## 建立良好亲子关系的四大原则

### 关系重于教育

如果亲子关系紧张，那父母说的话孩子一定是左耳朵进、右耳朵出；如果亲子关系好，爱的通道打开了，才能真正地帮助孩子。有好的关系才能有好的教育。

### 成长重于成绩

衡量孩子成熟与否的标准不是他考了多少分，而是他的心理、生理是不是都成长得很健康。孩子身心健康才能滋养出自律、自信、勇敢这些品质。有了这些品质，孩子在学习上获得好成绩就是一件水到渠成的事。

### 方式重于内容

怎么说孩子才会听，远比父母和孩子说什么更重要。只有沟通方式是孩子能够接受的，他才愿意听，并且愿意与父母反馈他的想法。

### 身教重于说教

家庭就像一台大型的"复印机"，家长是"原件"，孩子是"复印件"。要想改变孩子，首先改变自己。最好的教育就是父母和孩子一起成长。所以，想让孩子看书，父母在家时自己就要踏踏实实地看看书；想让孩子多运动，父母自己就要先去运动。

## 放手，让孩子自我实现

### 放手，让孩子在自己强项的基础上发展

心理学家马斯洛提出的"自我实现"理论告诉我们，每个人都

有能力去实现自己所有的潜能，但很多时候我们缺乏实现潜能的动机，这可能是由我们不良的家庭教养方式造成的。我们执着于满足低层次的需要，比如安全或归属的需要，而不是去努力实现最高层次的天赋和兴趣，或者有意回避追求个体潜能所带来的挑战。"如果我们故意不去努力实现自己的潜能，我不得不警告你，你的余生将在深深的不幸之中度过，"马斯洛指出，"无视自己的才能，最终也会错过你所有的可能。"

每个人都能成才，智能强项的培养和发展使自我实现的需要有的放矢。加德纳博士的多元智能的发现，为每个人的发展提供了多元发展空间。马斯洛也认为，自我实现是在任何时候、在任何程度上发挥个人潜力的过程，也就是说要充分利用自己的智慧，经过努力才能完成自我实现。他提出"任何天赋、能力，也都是一种动机、一种需要和冲动"，认为一个健康人的主要动机是开发和利用自己的最大潜力和能力，每个个体都需要在能够真正发挥自身天赋的日常生活中感受到一种创造性的完善感。

北京大学校园里流传着这样一个段子：

数学老师带着助教来教室，老师笑着向学生介绍说："这是你们这学期的助教，如果你们有不会的题可以问我，如果我不会可以问助教，如果连助教都不会，那估计就是题目错了。"

这位被任课老师奉为奇才的助教就是韦东奕。数学界前辈们称

他是"几十年难得一遇的数学天才"。他:

- 14 岁因为数学天赋被山东师范大学附属中学奥数训练队录取;
- 15 岁被山东师范大学附属中学破格免试录取;
- 16 岁参加国际奥数竞赛,一举夺魁;
- 17 岁蝉联国际奥赛金奖;
- 18 岁保送进北京大学;
- 26 岁博士毕业,成为北大助教。

韦东奕 1991 年出生在一个高知家庭,父亲是数学系教授。从小父母就会和他聊数学的故事,因此他对数学产生了很大的兴趣。

由于父亲在大学里教数学,韦家的书柜里摆满了和数学有关的书。七岁那年,刚上小学一年级的韦东奕摸到了书柜里的《华罗庚数学课堂》。多年以后,回忆起当年与数学的初次"触电"时,韦东奕坦言:"那本书倒是没什么特别的,就是记录了一些很难的数学题。"但正是因为解出了书中的一道数学题,才让七岁的他对数学产生了浓厚的兴趣。

常言道,兴趣是最好的老师。打那时候起,家里的数学藏书成了韦东奕的快乐源泉。父亲看他对数学感兴趣,也常常在闲暇之余对儿子抛出一句:"咱俩解两道数学题玩玩?"一起在数学海洋里遨游成了父子二人的共同消遣。

## 放手，让孩子学会独立自主

### 父母适当放手以培养孩子独立的能力

父母适当放手以培养孩子独立的能力，这是一个非常重要的教育理念。在中西方文化中，对于孩子的教育方式有不少的差异。

我听过这么一件事：

一对中国父母把自己13岁的儿子送到澳大利亚的一个朋友家里，希望孩子能够在朋友的关照下在异国他乡见见世面。当孩子到了澳大利亚后，这位朋友就提前告诉孩子："我是你父母的朋友，我不欠他们的，他们也不欠我什么。你在我家的这一个月我对你的生活不负任何责任，你已经13岁了，有能力照顾好自己。从明天开始，你要自己起床，自己做早餐，自己洗碗，自己洗衣服。这里有地图和公交车时刻表，你外出的话要自己安排好路线和行程。我希望你在这一个月里，能够尽可能地解决好你的一切问题，不要给我增添麻烦。"

孩子听了他父母朋友的这一番话后，虽然很吃惊，但是也尝试着开始了一个月的独立生活，自己做饭、洗碗、洗衣服，还学会了自己安排行程。一个月后，孩子回到了家。他的父母大吃一惊，因为孩子变得更加独立、自信、有责任感了。

其实，让孩子在适当的时候学会独立、学会自己解决问题是非常重要的。只有这样，孩子才能够在今后的生活中更好地适应和应对各种挑战和困难。

孩子总有一天要独自面对这个世界，所以在孩子成长的过程中，父母可以逐渐减少对孩子的干预，让他们自己去解决问题，从而培养他们的自信心和独立思考的能力。当孩子面临困难时，父母可以给予适当的帮助和指导，但不要代替孩子去解决问题。这样，孩子才能真正成为一个独立、自信、有责任心的人。

**父母学会放手以满足孩子自主的需要**

12岁以后，孩子进入青春期，父母要把决定权交给他，让他自己做选择。我们越早把选择权交给青春期的孩子，他成熟得就越快。

每个孩子都是一个独立存在的个体，每个孩子也都有自己选择的权力。作为家长的我们，没有控制权，只有引导权。每个孩子也都有自己的人生道路，我们能做的就是在他身旁协助他走好成年之前的成长之路，而不是强迫他走我们给他安排的人生路。

所以，父母给孩子行事提供更多的选择是对他个人自主的支持。有意义的选择的主要益处是能够产生意愿。它可以鼓励孩子完全认可他们正在做的事情，将他们拉进活动中，让他们产生更大的意愿，减轻他们的疏离感。当你给孩子提供选择时，他会觉得你是在回应他们，把他们当作独立的个体。自主性才是孩子获得幸福和自我实现的根源所在。

## 人的自我实现需要：让孩子成为他自己

美国心理学家马斯洛提出的需求层次理论将人类需求像阶梯一样从低到高按层次分为五种，分别是生理需求、安全需求、社交需求、尊重需求和自我实现需求。自我实现是最高层次的需求，指人希望最大限度地发挥自身潜能，不断完善自己，完成与自己的能力相称的一切事情，实现自己理想的需要。达到自我实现境界的人，既能接受自己也能接受他人，解决问题能力增强，自觉性提高，善于独立处事，要求不受打扰地独处，能完成与自己的能力相称的所有事情。也就是说，人必须干称职的工作，这样才会使他们感到快乐，在努力实现自己潜能的过程中，使自己成为自己所期望的人。

每个人都能成才，智能强项的培养和发展使自我实现的需要有的放矢，自我实现的需要又给智能强项的发展提供了无穷动力。所以，父母要及早地引导和培养孩子发现自己的兴趣与智能强项，尊重孩子的兴趣选择，发挥孩子的智能所长，让他们朝着自己喜欢的方向努力。孩子只有感到自己胜任和自主，才能保持内在的动机。在学习和生活中，父母应给予孩子爱和尊重，这样孩子才能在不断追求实现自我价值的过程中最大限度地发挥自己的潜能，成为最好

第 9 章 牵手和放手，读懂孩子的心理需要

的自己！

教育就是

你的每一次放手，
她的每一点进步。

## 后 记

我从小生活在比较传统的家庭，严父慈母。父母都是中华人民共和国成立前参加工作的教师，养育了我们兄弟姐妹六人，我是最小的，深受父母和姐姐们的疼爱。在我10多岁的时候，父母就离休在家。他们给我印象最深的是，每天都戴上老花镜在家读书看报。父亲喜欢练习书法，母亲在老年大学学习了中国画。他们的性格截然相反，母亲的慈爱给我无限接纳和包容，而父亲对我们的管教十分严厉，对我们也有很高的要求。我从小性格内向，敏感害羞，不善言辞，但自省能力较强。初中毕业后，我听从父亲的建议进入技校学习车床加工，但脑子反应慢，动手能力差，始终感觉不适应，找不到胜任感和快乐。参加工作之后，我边工作边学习。1995年，我通过自学考试获得了北京大学心理学专业的毕业证书。其中，我以90多分的优秀成绩通过了哲学的考试，这给我带来了信心。随后，我又学习了中医学、教育学和佛学，不断地发展自我认识智能。

2000年，我的女儿出生。我在她小时候就发现她对色彩比较敏感，喜欢涂鸦，也非常开心。在四五岁时，她每次画画都特别专注，有时一画就是一两个小时。还经常被自己的画逗得大笑。我发现了她有绘画天赋，于是在她六岁时给她报了儿童美术学校来学习绘画。2019年，女儿以优异的成绩考入了中国人民大学艺术学院。我把所学不但应用在教育女儿上，还经常与亲朋好友及社会人士交流家庭教育心得体会。作为一名普通的工人，我家中藏书2000多册，工作之余，我还经常参加线上线下的心理学和家庭教育的学习和实践，不断地成长。如今，我将30年学习心理学和教育学的心得体会以及育儿实践写成这本书，希望和大家交流与分享。

教育就是

父母和孩子一起学习。